Forschungsschwerpunkt Moderner Orient
Förderungsgesellschaft Wissenschaftliche Neuvorhaben mbH

Gerhard Höpp

Arabische und islamische Periodika in Berlin und Brandenburg 1915 - 1945. Geschichtlicher Abriß und Bibliographie

Arbeitshefte 4

Verlag Das Arabische Buch

Die Deutsche Bibliothek - CIP-Einheitsaufnahme

Höpp, Gerhard:
Arabische und islamische Periodika in Berlin und Brandenburg 1915 bis 1945; geschichtlicher Abriß und Bibliographie/
Gerhard Höpp. - Berlin: Verl. Das Arabische Buch, 1994
(Arbeitshefte / Forschungsschwerpunkt Moderner Orient, Förderungsgesellschaft Wissenschaftliche Neuvorhaben mbH; Nr. 4)
ISBN 3-86093-046-X
NE: Förderungsgesellschaft Wissenschaftliche Neuvorhaben <München> / Forschungsschwerpunkt Moderner Orient: Arbeitshefte

Forschungsschwerpunkt Moderner Orient
Förderungsgesellschaft Wissenschaftliche Neuvorhaben mbH

Kommissarischer Leiter:
Prof. Dr. Peter Heine

Prenzlauer Promenade 149-152
13189 Berlin
Tel. 030 / 4797319

ISBN 3-86093-046-X
ARBEITSHEFTE

Bestellungen:
Das Arabische Buch
Horstweg 2
14059 Berlin
Tel. 030 / 3228523

Redaktion und Satz: Margret Liepach, Helga Reher

Druck: Druckerei Weinert, Berlin
Printed in Germany 1994

INHALT

EINLEITUNG

Die etwa einhundertsechzigjährige Geschichte der Presse in Nahost und Nordafrika sei, so bemerkte vor einiger Zeit Ami Ayalon, "ziemlich vollständig" geschrieben.[1] Für diese Behauptung spricht in der Tat die beachtenswerte Fülle von Arbeiten namentlich arabischer Autoren. Hierzu zählen Überblicksdarstellungen zur arabischen und islamischen Presse von Ibrāhīm ᶜAbduh[2], Fārūq Abū Zaid[3], Abdelghani Ahmed-Bioud[4], Anwar al-Ǧundī[5], Yūsuf Ḫūrī[6], Adīb Murūwa[7], Ḥilmī Muḥammad al-Qāᶜūq[8], Yūnis Ibrāhīm as-Sāmarrāʾī[9], Fīlīb dī Ṭarrāzī[10] und Saif al-Islām az-Zubair[11]. Noch umfangreicher ist die Literatur zur regionalen und lokalen Pressegeschichte[12]. Zumindest in quantitativer Hinsicht steht ihr diejenige in europäischen Sprachen bzw. aus der Feder europäischer und amerikanischer Autoren merklich nach. Dem anfänglich deutlichen Interesse Europas, darunter Deutschlands[13], an der aufstrebenden arabischen Presse um die Jahrhundertwende - hierfür steht vor allem Martin Hartmanns 1899 in London erschienenes Werk "The Arabic Press of Egypt" - folgte erst lange nach dem zweiten Weltkrieg eine erneut intensive Beschäftigung mit diesem Medium, nun auch und verstärkt im Zusammenhang mit der Entstehung und Entwicklung der elektronischen Medien in der Region.[14]

Es fällt auf, daß in den zahlreichen Werken zur Geschichte der arabischen Presse diejenige der Zeitungen und Zeitschriften, die von Arabern im Ausland herausgegeben wurden und werden, kaum Berücksichtigung findet. Wenn dies dennoch geschieht, dann lediglich als oft sehr unvollständige und fehlerhafte Aufzählung von Titeln. Dies ist unter anderem bei Ṭarrāzī[15], Murūwa[16] und Ahmed-Bioud[17] der Fall und illustriert Ayalons Behauptung, derzufolge die meisten arabischen Werke zur Pressegeschichte nur "wenig mehr als chronologische Registraturen des Erscheinens und Verschwindens der vielen Zeitungen in der Region" seien.[18] Eine auch inhaltliche Auseinandersetzung mit dem Phänomen, das zunächst einfach "aṣ-ṣiḥāfa al-ᶜarabīya fī'l-ḫāriǧ", auch "ṣiḥāfat al-muhāǧir" und "ṣuḥuf al-mahǧar", jetzt auch "aṣ-ṣiḥāfa al-ᶜarabīya al-muhāǧira"[19] genannt wird, deutet sich erst seit den achtziger Jahren an: Während al-Qāᶜūq eine kritische Analyse ausschließlich gegenwärtig erscheinender Blätter vornimmt, schließt Abū Zaid auch einen historischen Abriß der Auslands- bzw. Emigrantenpresse in seine Darstellung ein.[20]

Die Zurückhaltung arabischer Autoren verwundert, denn zumindest von der Quantität her besitzt die historische Auslands- oder Emigrantenpresse ein bemerkenswertes Gewicht: Ṭarrāzī zählt 1933 in seiner unvollständigen Liste 401 Titel[21], die rund dreizehn Prozent der von ihm aufgeführten arabischen Zeitungen und Zeitschriften ausmachen.

Ansätze einer nennenswerten Analyse der arabischen Auslands- bzw. Emigrantenpresse fanden sich bisher lediglich außerhalb dieser Werke, und auch dort geschah sie nur anhand vereinzelter, nahezu ausschließlich französischsprachiger Titel. Bei ihnen handelt es sich um die in Genf erschienenen "La Revue du Maghreb" des Tunesiers Muḥammad Bāš Ḥanbā (1881 - 1920), "La Tribune d'Orient" des Ägypters ʿAlī al-Ġāyātī (1885 - 1956) und "La Nation Arabe", die von den Syrern Šakīb Arslān (1869 - 1946) und Iḥsān al-Ǧābirī (1882 - 1980) herausgegeben wurde[22], sowie um in den USA erschienene arabische Periodika[23]. Lediglich sporadische und nur knappe Erwähnung fanden die von dem Türken Nihat Reşat in Paris edierten "Echos de l'Islam"[24] und der in London erschienene "Muslim Standard"[25].

Deutschsprachige bzw. in Deutschland herausgegebene Titel sucht man in den hier genannten Werken nahezu vergebens. Findet man sie dennoch, handelt es sich in der Regel um eher zufällig scheinende, registrierende Nennungen[26] oder aber - wie bei Abū Zaid - um offensichtlich aus der Unkenntnis ihres Inhalts entspringende Verwechslungen bzw. Fehlinterpretationen.[27] Lediglich in einigen wenigen, zumeist deutschsprachigen Veröffentlichungen wird näher auf das Phänomen eingegangen und werden vereinzelte Titel vorgestellt; auf sie wird im Verlaufe dieser Ausführungen hingewiesen.

Die Gründe für dieses Desinteresse, welches jenes für die übrige Auslands- und Emigrantenpresse noch weit übertrifft, dürften - das zu behaupten, gestattet bereits eine vorläufige Analyse der in Frage kommenden Periodika - nicht in einer möglichen Trivialität ihres Inhalts zu suchen sein: Von wenigen Ausnahmen abgesehen, reflektieren sie wesentliche Positionen wichtiger Abteilungen der arabischen National- und islamischen Freiheitsbewegung vornehmlich der Zwischenweltkriegszeit; zudem wurden diese Positionen häufig von namhaften Repräsentanten des arabischen Nationalismus wie des Panislamismus formuliert, die keineswegs hinter der Bedeutung jener zurückstanden, welche in der übrigen Auslands- und Emigrantenpresse zu Worte kamen; zeitweilig waren sie mit ihnen identisch. Dies begründet ihren Wert nicht allein als Mittel der Kommunikation, sondern auch als verwertbare historische Quellen.

Der entscheidende Grund für die allgemein fehlende Kenntnis über das Phänomen lag wohl vielmehr in der Sprachschranke, die eine wirkungsvolle Verbreitung der Periodika über den deutschen Sprachraum hinaus und damit oft schon das Wissen von ihrer Existenz weitgehend verhinderte. Die Tatsache, daß Titel in orientalischen und westeuropäischen Sprachen durchaus auch außerhalb der Grenzen Deutschlands zur Kenntnis genommen wurden, mag diese Vermutung bestätigen.[28] Ein anderer Grund dürfte schließlich darin liegen, daß ein großer Teil der in Deutschland offenbar nur gelegentlich gesammelten Titel im zweiten Weltkrieg vernichtet wurde; einige in Katalogen großer Bibliotheken nachgewiesene Bestände wurden bis heute unauffindbar verlagert. Im folgenden wird der Versuch unternommen, anhand vorgefundener Bestände, auf der Grundlage von Archivalien und Sekundärquellen sowie eigener Vorarbeiten[29] die Geschichte der arabischen und islamischen Auslands- bzw. Emigrantenpresse in Berlin und Brandenburg bis zum Ende des zweiten Weltkrieges skizzenhaft zu rekonstruieren. Dieser Versuch wird unzulänglich bleiben müssen: Die Bestände und die Informationen über sie sind lückenhaft, auf eine eingehende Analyse des Inhalts muß zunächst verzichtet werden, und wichtige, im weiteren Sinne zur islamischen Presse gehörige Blätter namentlich iranischer und türkischer[30] Herausgeber, selbst einige arabische aus dem deutschen Sprachraum[31], bleiben hier unberücksichtigt. Insofern bilden die Ausführungen nur ein Zwischenergebnis, das auf der einen Seite der weiteren Nachforschung bedarf, auf der anderen aber schon jetzt auf bislang weithin unbekannte historische Quellen für die moderne arabische wie deutsche Geschichte hinweisen will; dazu dienen auch die im Anhang befindlichen bibliographischen Daten. Ergänzende und korrigierende Hinweise sind sehr willkommen. Denn die Geschichte der arabischen und islamischen Auslands- und Emigrantenpresse in Berlin und Brandenburg ist nicht nur Teil der arabischen und islamischen Pressegeschichte, sondern auch Facette der Nationalbewegung im modernen Vorderen Orient und zugleich Splitter der deutschen Kultur- und Mediengeschichte.

An dieser Stelle sei den Mitarbeiterinnen und Mitarbeitern des Bundesarchivs, Abteilungen Potsdam, des Archivs der Humboldt-Universität, Berlin, beider Häuser der Staatsbibliothek Preußischer Kulturbesitz, Berlin, und der Deutschen Bücherei, Leipzig, herzlich für ihre Hilfe und ihr Entgegenkommen gedankt. Besonderer Dank gebührt Irmgard Dietrich, die die Bibliographie erarbeitete, Margret Liepach und Helga Reher, die die Druckvorlagen herstellten, und Dr. ʿAbdallāh Ḥannā, Damaskus, der bei der Recherche behilflich war.

Die teilweise verwirrende und oft willkürliche Umschrift arabischer und anderer orientalischer Namen und Begriffe, wie sie in den im folgenden behandelten Periodika und in der Bibliographie anzutreffen ist, wird im Text nicht übernommen; dort findet eine nach bestem Wissen vorgenommene wissenschaftliche Transliteration namentlich arabischer Wörter Verwendung.

Von den Gesichtspunkten des Anlasses, der Veranlasser und Mitwirkenden, des Zwecks, des Inhalts und seiner Wirkungen lassen sich aufgrund des vorliegenden Materials vier Gruppen von periodischen Publikationen unterscheiden. Die *erste Gruppe* bilden Zeitschriften, die funktional und inhaltlich mit dem ersten und zweiten Weltkrieg im Zusammenhang stehen; die *zweite Gruppe* umfaßt Periodika arabischer, namentlich ägyptischer und syrischer Nationalisten; zur *dritten Gruppe* gehören Blätter der kurzlebigen panislamischen bzw. panorientalischen Szene in Deutschland, und in der *vierten Gruppe* finden sich Veröffentlichungen einzelner Gruppierungen mit islamischen Identitätsmerkmalen und unterschiedlich ausgeprägter politischer Tendenz.

IM SCHATTEN DER WELTKRIEGSPROPAGANDA

Die vermutlich erste je in Deutschland erschienene arabischsprachige Zeitschrift ist ein Produkt des ersten Weltkrieges. Es handelt sich um *"al-Ǧihād. Zeitung für die muhammedanischen Kriegsgefangenen"*, die - wie es der Untertitel andeutet - für die politische und ideologische Beeinflussung muslimischer Gefangener aus den Entente-Armeen eingesetzt wurde. Letztere, namentlich Nord- und Westafrikaner aus dem französischen, Tataren aus dem russischen und Inder aus dem britischen Heer, waren entsprechend einer Empfehlung Max von Oppenheims (1860 - 1946)[32] und auf Anordnung der deutschen Reichs- und Heeresleitung im Frühjahr 1915 aus verschiedenen Gefangenenlagern im "Halbmondlager" bei Wünsdorf und im "Weinberglager" bei Zossen in Brandenburg konzentriert worden.[33] Dies geschah im Zusammenhang mit deutschen Bemühungen um die "Revolutionierung" der islamischen Völker im Machtbereich der Entente für die eigenen Kriegsziele und mit der Absicht, die Gefangenen im Geiste des Ǧihād-Aufrufs des osmanischen Sultan-Kalifen vom 11. November 1914 "umzuerziehen" und sodann in die Reihen der Armeen der Mittelmächte einzugliedern. Dem Zwecke sollten eine Moschee, die am 14.

Juli 1915 im "Halbmondlager" eröffnet wurde[34], und eben die Zeitschrift "al-Ǧihād" dienen, deren erste Nummer am 5. März desselben Jahres jeweils in Arabisch, Tatarisch und Russisch erschien.[35]

Die Idee für das Blatt entstand vermutlich in der "Nachrichtenstelle für den Orient", die im November 1914 vom Auswärtigen Amt und von der Politischen Sektion des Stellvertretenden Generalstabs für die deutsche Propaganda im Orient sowie unter den orientalischen Kriegsgefangenen eingerichtet worden war. In einer diesbezüglichen Mitteilung an den Generalstab und den Kriegsminister vom 5. Januar 1915 heißt es, daß, um "die muhammedanischen und indischen Gefangenen für unsere politischen Zwecke nutzbar zu machen", es wünschenswert sei, "wenn denselben geeignete Lektüre zur Verfügung gestellt werden würde". Die "Nachrichtenstelle" würde zu diesem Behufe "selbst eine Zeitung für diese herausgeben, die den Namen 'al Djehad', 'Der Heilige Krieg' führen soll... Sie soll wöchentlich erscheinen und soll in erster Linie von unseren eingeborenen Vertrauensleuten verfaßte Leitartikel sowie Übersetzungen ausgesuchter Nachrichten über Kriegslage und Artikel aus Konstantinopel und indischen Blättern enthalten."[36] Nachdem das Kriegsministerium am 19. Januar 1915 dem Vorhaben zugestimmt hatte, erteilte der Stellvertretende Generalstab am 2. Februar die Genehmigung zur Herausgabe von "al-Ǧihād". In der entsprechenden Mitteilung des Leiters der Politischen Sektion, Hauptmann Rudolf Nadolny (1873 - 1953), heißt es, daß "jede Nummer vor dem Druck vom Auswärtigen Amt und mir kontrolliert wird. Von einer Verteilung an der Front", so fügte Nadolny hinzu, "wird Abstand genommen."[37] "al-Ǧihād" und die anderen Kriegsgefangenenzeitungen erschienen zunächst in einer Gesamtauflage von 15.000 Exemplaren[38]; im Oktober 1915 wurde die Auflage auf 8.200 Stück herabgesetzt.[39]

Die Redaktion der Zeitschrift erfolgte in der "Nachrichtenstelle". Von März bis Juni 1915 oblag sie dem Journalisten Adler, der nach eigenem Bekunden "kein Wort arabisch" verstand.[40] Danach erfolgte sie durch ein Team um Herbert Müller, Helmuth von Glasenapp (1891 - 1963), Graf Rantzau und Professor Spatz.[41] Ihm beigeordnet waren verschiedene orientalische Mitarbeiter der "Nachrichtenstelle", darunter die Tunesier Ṣāliḥ aš-Šarīf at-Tūnisī (1869 - 1920)[42] und Muḥammad al-Ḫiḍr Ḥusain (1876 -1958)[43], der algerische Überläufer Oberleutnant Rabāḥ Būkabūyā (geb. 1875), der unter dem Pseudonym El Hadj Abdallah (al-Ḥāǧǧ ʿAbdallāh) auftrat, die Ägypter Manṣūr Rifʿat (gest. 1926) und ʿAbd al-ʿAzīz Šāwīš (1876 - 1929)[44], der aus dem Ḥiǧāz stammende Ma'mūn Abu'l-Faḍl sowie der Tatare ʿAbd ar-Rašīd Ibrāhīm (1835 - 1944).[45]

Aus den vorliegenden Quellen geht nur undeutlich hervor, welchen Einfluß die orientalischen, namentlich arabischen Mitarbeiter der "Nachrichtenstelle" auf den Inhalt von "al-Ǧihād" hatten. Sicher ist, daß sie die zunächst von Adler, dann von Spatz verfaßten Kriegsberichte, die den meisten Platz im Blatt beanspruchten,zu übersetzen hatten. Darüber hinaus sollen - darauf verweist Müller - al-Ḫiḍr, Ibrāhīm und Būkabūyā für die "Leitartikel" verantwortlich gewesen sein.[46] Tatsächlich sind nur wenige Artikel in der arabischen Ausgabe von "al-Ǧihād" namentlich gezeichnet: Je vier stammen von al-Ḫiḍr und Šāwīš, je einer von Abu'l-Faḍl, aš-Šarīf at-Tūnisī und Muḥammad ibn Saʿīd at-Tūnisī, fünf wurden von Ibrāhīm in der russischen Ausgabe verfaßt. Bei den Veröffentlichungen von Abu'l-Faḍl[47], al-Ḫiḍr[48] und Muḥammad ibn Saʿīd at-Tūnisī[49] sowie - zumindest teilweise - von Ibrāhīm[50] handelt es sich um Predigten bzw. Reden vor den Gefangenen im "Halbmondlager" und im "Weinberglager". Die Beiträge von Šāwīš und aš-Šarīf at-Tūnisī sind bis auf eine Ausnahme[51] themenbezogen: Ersterer äußerte sich über die "Zukunft des Islam" und die "Wehrpflicht"[52], letzterer prangerte die französische Kolonialpolitik in Marokko an.[53]

Es steht außer jedem Zweifel, daß Inhalt und Ton auch dieser Beiträge in "al-Ǧihād" den Interessen der Mittelmächte untergeordnet waren. Dennoch läßt manches zögern, das Blatt schlechthin als eine "deutsche Propagandazeitung" zu bezeichnen.[54] Dagegen ist vor allem einzuwenden, daß die meisten der genannten Autoren und andere orientalische Mitarbeiter der "Nachrichtenstelle" keineswegs willenlose Handlanger der deutschen Kriegszielpolitik waren, sondern hofften und strebten, durch ihre Hinwendung zu Deutschland Gegensätze unter den europäischen Mächten für die Unabhängigkeit ihrer unter kolonialer Herrschaft stehenden Völker und Länder auszunutzen. Dieser Grat zwischen Patriotismus und Kollaboration war gewiß sehr schmal, doch indem sie ihn beschritten, bewahrten sie durchaus Eigenes in der scheinbar bipolaren Welt des ersten (und zweiten) Weltkrieges.[55] Das zweifellos geringe Maß an politischer und intellektueller Selbständigkeit, das namentlich die Religionsgelehrten Šāwīš und aš-Šarīf at-Tūnisī, später auch und gerade der Vorsitzende der Ägyptischen Nationalpartei, Muḥammad Farīd, und sein Parteifreund Manṣūr Rifʿat vor allem außerhalb der "Nachrichtenstelle" zu erhalten trachteten, war den deutschen Stellen wohl bewußt. Es bewog sie, die Tätigkeit von orientalischen Mitarbeitern der "Nachrichtenstelle" mißtrauisch zu überwachen, selbst ihre Post zu zensieren.[56]

Es ist schwer zu beurteilen, ob auch die Veröffentlichung des Aufrufs der Sowjetregierung vom 20. November 1917 "An die werktätigen Muslime in Rußland und im Orient"[57] in der arabischen Ausgabe von "al-Ǧihād"[58] oder der Rede des Imams im "Weinberglager" in der russischen Ausgabe, in der dieser seine Mitgefangenen anläßlich des Kurban-Beiram mit "Tovarišči (Genossen)!" ansprach[59], auf dieses Streben nach Eigenständigkeit zurückzuführen ist. Auf jeden Fall gibt es noch andere Gründe, die oben erwähnte kategorische Beurteilung zu relativieren. Zu ihnen zählt die Tatsache, daß die meisten muslimischen Gefangenen des Lesens unkundig waren und daß die Kundigen häufig mit dem Hocharabisch, dessen sich die orientalischen Mitarbeiter der "Nachrichtenstelle" in ihren Übersetzungen und ihren eigenen Beiträgen bedienten, wenig anzufangen wußten. Adler wies in seinem Kündigungsschreiben an das Auswärtige Amt im Juni 1915 auf diesen Umstand sowie auf das "grösste Mißtrauen" hin, das Gefangene "al-Ǧihād" entgegenbrächten. Obgleich der Leiter der "Nachrichtenstelle", Karl Emil Schabinger von Schowingen (1877 - 1967), in seiner Erklärung vom Juli desselben Jahres diese Behauptung als "durch die wirkliche Erfahrung widerlegt" bezeichnet[60], hielt die Kritik, nunmehr auch seitens der Lagerleitung, an Stil und Inhalt des Blattes an.[61] Im Rückblick gelangt Schabinger von Schowingen zu der Ansicht, daß diese Kritik "nicht ganz mit Unrecht" erfolgt sei. "Die Kriegsberichte waren zwar in einem geläufigen, flüssigen Stil geschrieben, wie sie vielleicht für europäische Leser richtig sind, jedoch entbehrten sie durchaus einer agitatorischen Tendenz. Sie mußten", so schreibt er in seinen Memoiren, "flammender und aufreizender abgefaßt werden".[62]

Dies sowie Schwierigkeiten bei der technischen Fertigung, die die beabsichtigte vierzehntägige Erscheinungsweise beeinträchtigte, und nicht zuletzt die allerdings bewußt getroffene Anweisung, die Verbreitung von "al-Ǧihād" außerhalb der Gefangenenlager zu verhindern,[63] engten die agitatorische Wirkung und den propagandistischen Wert des Blattes beträchtlich ein.

Vermutlich aus diesem Grunde[64] veranlaßte die Leitung des Lagers Wünsdorf die Herstellung einer eigenen Zeitung; sie erschien zwischen Dezember 1916 und März 1917 unter dem Titel *"Ǧarīdat al-isāra matāᶜ Halbmondlager. Lagerzeitung des Halbmondlagers Wünsdorf"* in arabischer Sprache. Herausgeber war ein Hauptmann Poppen, im Zivilberuf Professor in Freiburg im Breisgau[65]. Inhalt, Stil und Form des aus ein bis zwei Seiten bestehenden Blattes legen die Vermutung nahe, daß es von nordafrikanischen Gefangenen im Lager selbst gefertigt wurde. Davon zeugen die bescheidene Aufmachung, die im Unterschied zu "al-Ǧihād" keineswegs kalligraphische Gestaltung der Texte und vor allem der Inhalt, der sich aus erbaulichen Geschichtchen, Sprichwörtern und verbalen wie graphischen[66] Erinnerungen an die Heimat sowie aus sehr kurzen Kriegsberichten zusammensetzt, die augenscheinlich auf der Grundlage offizieller Meldungen von den Autoren selbst formuliert worden waren. Die Texte waren - auch dies im Unterschied zu "al-Ǧihād" - in maghrebinischen Dialekten abgefaßt. Weitere Informationen über das Blatt, von dem nur zehn Nummern erschienen, waren bislang nicht aufzufinden.

Die arabische Ausgabe von "al-Ǧihād" erschien vermutlich bis Mitte Oktober 1918[67]. Bereits im Juni desselben Jahres entstanden Pläne, die Gefangenenzeitschriften in allgemein zugängliche Blätter umzuwandeln. Von dem marokkanischen Hauptmann Muḥammad Rušdī, der im Auftrage des einstigen ägyptischen Khediven ᶜAbbās Ḥilmī (1874 - 1944) gehandelt haben soll[68], wurde in Schreiben an den stellvertretenden Leiter der "Nachrichtenstelle", Herbert Müller, und an den für den Orient zuständigen Legationsrat im Auswärtigen Amt, Otto Günther von Wesendonk (1885 - 1933), der Vorschlag unterbreitet, aus der arabischen Ausgabe von "al-Ǧihād" ein Blatt namens "al-ᶜAzm" zu machen.[69] Etwa zur selben Zeit entwickelte der Mitarbeiter der "Nachrichtenstelle", Harald Cosack, die Idee, die tatarische Ausgabe von "al-Ǧihād" sowie die Zeitung für die georgischen Gefangenen "zu periodischen Auslandsschriften für die Zwecke deutscher Propaganda"[70] umzuwandeln. Als Vorbilder dienten hier offensichtlich die in Frankreich veröffentlichten und im Orient verbreiteten Propagandablätter "al-Mustaqbal", "at-Taṣāwīr" und "aṣ-Ṣabāḥ" sowie die britische "al-Ḥaqīqa".[71] Während Wesendonk dem Projekt Rušdīs skeptisch gegenüberstand[72], hielt er die Realisierung der Pläne Cosacks für "unbedingt erforderlich"; durch seinen Kostenanschlag sah er Ende Juni 1918 den "Bestand der beiden Blätter zunächst einmal auf zwei Jahre" als gesichert an.[73] Auch Herbert Müller unterstützte Cosacks Idee und kündigte in seinem Bericht über die Tätigkeit der "Nachrichtenstelle" Anfang August sogar an, daß "im Herbst die bisherigen Zeitungen für die tatarischen, arabischen und indischen Kriegsgefangenen in anspruchsvollere politische Organe übergeführt werden".[74]

Doch schon zu dieser Zeit mußte Cosack, der die tatarische Zeitschrift "Yaŋi süz" nennen wollte, "zeitraubendere Schwierigkeiten ... als anfänglich angenommen" konstatieren und sich damit begnügen, daß "die alten Zeitungen in alter Form weiter-erscheinen" sollten.[75] Im Oktober 1918 teilte der Staatssekretär im Auswärtigen Amt, Arthur Zimmermann, der "Nachrichtenstelle" mit, daß neue Zeitschriften "vorläufig nicht in Frage" kämen, und empfahl zugleich, den Namen von "al-Ǧihād" "baldmöglichst" zu ändern.[76] Dazu kam es jedoch nicht mehr.

Ein Blatt ganz anderer Art und Bestimmung war *"Die Islamische Welt. Illustrierte Monatsschrift für Politik, Wirtschaft und Kultur"*, die am 19. November 1916 zum ersten Mal in Berlin erschien. Es war nicht nur das Kunstdruckpapier, das das Blatt von "al-Ǧihād" unterschied, sondern auch und vor allem die Öffentlichkeit, auf die seine Herausgeber, der bereits genannte ᶜAbd al-ᶜAzīz Šāwīš und sein Parteigänger ᶜAbd al-Malik Ḥamza, bedacht waren. Das zeigte sich bereits auf dem festlichen Nachmittagsempfang, der am Tage des Erscheinens der Zeitschrift im Nobelhotel "Esplanade" veranstaltet wurde und an dem neben den diplomatischen Vertretern der Türkei und Irans "eine große Anzahl Herren aus den Reihen der Berliner Gelehrten, Bankherren, Schriftsteller, Journalisten" teilnahm.[77]

Die beiden Herausgeber umrissen auf dieser Veranstaltung das Anliegen ihres Blattes damit, "ererbte Vorurteile" (Šāwīš) überwinden und den deutschen Leser "mit der Kultur, den Sitten, Bestrebungen, Hoffnungen und Idealen der Islamwelt" (Ḥamza) bekanntmachen zu wollen.[78] Im Vordergrund stand somit zunächst, "die Beziehungen zwischen Deutschland und dem Islam zu fördern und zu dauernd herzlichen zu gestalten"[79], und zwar in der Hoffnung, das Reich möge "die muslimischen Völker aus den dumpfen Niederungen des Vasallentums und Verfalles zu den lichten, sonnenüberfluteten Höhen der Erneuerung und Freiheit" führen.[80] Daran sowie an der Beschwörung der deutsch-türkischen Waffenbrüderschaft beteiligten sich gleichermaßen deutsche wie orientalische Autoren. Letztere widmeten sich in der Folge indessen verstärkt zwei anderen Themen: der Festigung der arabisch-türkischen Beziehungen im Rahmen des Panislamismus sowie der Propagierung namentlich ägyptischer und maghrebinischer Unabhängigkeitsbestrebungen. Vor allem Ḥamza warnte vor der Gefahr, daß das Osmanische Reich, "auf das sich alle muslimischen Hoffnungen stützten", seine Einheit und Unabhängigkeit verlieren könnte und daß durch "seinen Sturz in die Tiefe des Vasallentums alle islamischen Freiheitsaussichten zu vernichten" drohten. Er wandte sich zugleich gegen eine "abfällige(n) Beurteilung" der Tatkraft muslimischer Völker und behauptete, daß die meisten von ihnen "jede sich bietende Gelegenheit benutzten, ihren Feinden mit Waffen entgegenzutreten".[81]

Dem Vorsitzenden der Ägyptischen Nationalpartei, Muḥammad Farīd (1868-1919)[82], blieb es vorbehalten, über den panislamischen Appell hinaus die nationalen Forderungen seines Volkes und anderer Völker im Osmanischen Reich nicht nur gegenüber der Entente[83], sondern auch den Mittelmächten verdeutlicht zu haben. Zunächst in anderen Blättern[84], da ihn die Nähe seines Parteifreundes Šāwīš zur Pforte zögern ließ, in dessen Zeitschrift zu publizieren[85], dann auch dort, setzte er sich wie Arslān[86] für ein neues, gleichberechtigtes Verhältnis zwischen Arabern und Türken sowie für die ernsthafte Berücksichtigung der ägyptischen Frage in den Friedensverhandlungen zwischen Mittelmächten und Entente ein. Deutlich auch an die Adresse der Osmanen gerichtet, verlangte er in einer Denkschrift an die Friedenskonferenz von Brest-Litovsk, das Recht seines Landes anzuerkennen, "über sein Schicksal und über die seiner Lage und der Eigenart seiner Bewohner am besten angepaßte Regierungsform, sei sie durch Volksabstimmung oder durch eine frei erwählte konstituierende Versammlung (festgelegt - G.H.), selbst zu bestimmen.[87] Und enttäuscht vom deutschen Desinteresse, richtete er am 4. Januar 1918 ein in der "Islamischen Welt" veröffentlichtes Telegramm ausgerechnet an Lenin, in dem er ihn bat, die sowjetrussische Delegation in Brest-Litovsk zu veranlassen, "dem Kongreß die Befreiung Aegyptens von der englischen Besetzung vorzuschlagen".[88]

Diese und andere Ansätze von Selbstbewußtsein gegenüber dem deutschen und türkischen "Bündnis"partner ließen wohl Herbert Landolin Müller zu der Annahme gelangen, auch bei der "Islamischen Welt" handele es sich um eines jener seltenen Blätter, "in denen die an den damaligen Ereignissen nicht nur leidenden, sondern aktiv teilhabenden Orientalen sich zu Wort melden, ohne daß sich ein wie auch immer gerierender europäischer 'Tutor' hätte dazwischen schalten können. Der Purist wird einwenden, daß letzteres ganz sicher bei der Übersetzung und Redigierung der IWB (d. i. Die Islamische Welt - G.H.) der Fall gewesen sein wird." Dies war in der Tat die Aufgabe des verantwortlichen Redakteurs, des Deutschen Rudolf Rotheit, dessen konkreter Anteil am Inhalt des Blattes, wenn man von seinen eigenen Artikeln absieht, allerdings nicht deutlich wird. "Dem kann", so Müller weiter, "entgegengehalten werden, daß ungeachtet allfälliger 'Harmonisierungen' die Schriften doch ihren eigenen Charakter haben."[89]

Das ist nicht zu leugnen, und die deutschen Stellen, die es tolerierten, mochten das voller Unbehagen geahnt haben: Sieht man davon ab, daß der Herausgeber Šāwīš im Auswärtigen Amt bereits zuvor als "unberechenbar"[90] galt - von

Wesendonk meinte, er sei "etwas phantastisch angehaucht"[91] -, so wurde das von ihm seit April 1916 in Istanbul herausgegebene arabischsprachige Pendant "al-ᶜĀlam al-islāmī" erst recht mit Mißtrauen betrachtet. Ende Juni desselben Jahres übermittelte der neue Leiter der "Nachrichtenstelle", Eugen Mittwoch (1876-1942), von Wesendonk eine Analyse des ersten Heftes von "al-ᶜĀlam al-islāmī", die von seinem Mitarbeiter, dem Orientalisten Martin Hartmann (1851 - 1918)[92], angefertigt worden war. Darin bemängelte dieser, daß Šāwīš Deutschland als "Entzünder" des ersten Weltkrieges beschrieben hatte, was Staatssekretär Zimmermann bewog, beim deutschen Botschafter an der Pforte anzufragen, weshalb sich der Ägypter "derartige Ausfälle" erlauben kann. Der Mißmut wuchs, als Botschafter Paul Wolff-Metternich im August mitteilte, daß Šāwīš in Berlin die Gründung "eines islamischen Blattes in deutscher Sprache" beabsichtige. Zimmermann versuchte abzuwimmeln, indem er behauptete, ein derartiges Unternehmen sei schon "von anderer Seite" ins Auge gefaßt, doch als der deutsche Geschäftsträger in Istanbul, Wilhelm von Radowitz, darüber informierte, daß Kriegsminister Enver Pascha (1881 -1922) das Projekt unterstütze und aus Mitteln seines Ministeriums zu finanzieren gedenke, schienen die deutschen Stellen offenbar einzulenken.[93]

Das Mißtrauen blieb jedoch bestehen. Mittwoch teilte im Januar 1917 mit, daß es ein Leichtes sei, aus den Veröffentlichungen des Ägypters "eine Blütenlese europäerfeindlicher Stellen" zu veranstalten, und zur selben Zeit unterrichtete Zimmermann Botschafter Richard von Kühlmann darüber, daß Šāwīš "wenig günstig" beurteilt werde, jedoch "entgegenkommend" zu behandeln sei.
Das Maß an Eigenständigkeit der beiden ägyptischen Herausgeber verdeutlicht schließlich noch diese Nachkriegsepisode: Am 21. Mai 1919 setzte der deutsche Gesandte in Bern, Adolf Müller, das Auswärtige Amt von einer Klage des sich nunmehr in der Schweiz aufhaltenden ehemaligen Mitherausgebers Ḥamza in Kenntnis, der von der Reichsdruckerei aufgefordert worden war, ausstehende Druckkosten in Höhe von 27.000 Reichsmark zu bezahlen. Daraufhin ordnete Ernst Langwerth von Simmern die Stundung an.[94] Es ist nicht bekannt, ob die Reichsdruckerei auf ihrer Forderung bestand und ob sie beglichen wurde.

Die vergleichsweise beachtliche Selbständigkeit arabischer und anderer muslimischer Herausgeber und/oder Autoren in Periodika des ersten Weltkrieges war in der Zeit des zweiten Weltkrieges nach den vorliegenden, allerdings spärlichen Informationen nicht gegeben. Zwei zur Kenntnis gelangte Blätter, die im weitesten Sinne zur arabischen Auslands- bzw. Emigrantenpresse gerechnet werden können, legen diese Behauptung nahe: Die Zeitschrift "Barīd aš-šarq" und die Zeitung "al-Maġrib al-ʿarabī. Al Magreb al'arabi. Der arabische Westen".

"Barīd aš-šarq. Barîd al-Schark. Arabische illustrierte Halbmonatsschrift" erschien vermutlich zwischen 1939 und 1944.[95] Obwohl von dem Ägypter Kamāl ad-Dīn Ǧalāl (geb. 1903) redigiert[96], kann man das von der Reichsrundfunkgesellschaft herausgegebene Blatt getrost als deutsche Propagandazeitschrift bezeichnen.[97] Die Selbstdarstellung des faschistischen Deutschland dominiert unübersehbar. Sie äußert sich in einer glorifizierenden Kriegsberichterstattung, in der breiten Präsentation deutscher Leistungen in Technik und Wissenschaft, darunter der Arabistik und Islamwissenschaft, aber auch in antisemitischen und anderen rassistischen Beiträgen. Während in den ersten beiden Jahrgängen gezeichnete Artikel so gut wie nicht vorkommen, sind sie in den drei folgenden relativ häufig zu finden. Von den Autoren sind vor allem der Großmufti von Jerusalem, Amīn al-Ḥusainī (1897 - 1974), und der irakische Ministerpräsident Rašīd ʿAlī al-Kailānī (1897 - 1968) zu nennen, deren Reden veröffentlicht wurden, sowie Šakīb Arslān, ʿAbd ar-Rašīd Ibrāhīm, Ḥasan Abu's-Suʿūd, Muḥammad Ṣāliḥ al-Ǧazā'irī, ʿAlī aš-Šarīf at-Tūnisī, ʿAbd al-Qādir al-ʿAlamī und aṭ-Ṭayyib Maḥmūd Nāṣir.[98] Beiträge weiterer Autoren, darunter ein Gedicht Maʿrūf ar-Ruṣāfīs und Texte Muḥammad Ḥusain Haikals und Muḥammad Muṣṭafā al-Marāġīs, wurden offensichtlich aus anderen Publikationen entnommen und nachgedruckt. Diese arabischen Stimmen, die - soweit sie politischen Inhalts waren - bis auf Arslān und Ibrāhīm keine eigenständigen Positionen verrieten, vermögen eine relativierende Beurteilung von Inhalt und Funktion der "Barīd aš-šarq" nicht zu rechtfertigen.

Dies ist im zweiten Falle anders. *"al Maġrib al-ʿarabī. Al Magreb al'arabi. Der arabische Westen"* wurde von dem Tunesier Yūsuf ar-Ruwaisī herausgegeben, der sich als "Vertreter der Dastūr-Partei in Europa", sein Blatt als "offizielles Organ des Komitees der Dastūr-Partei in Europa" und darüber hinaus der "Befreiungs- und Unabhängigkeitsbewegung des arabischen Maghreb" bezeichnete; vom Auswärtigen Amt wurde ar-Ruwaisī dem "Großmufti-Kreis" zugerechnet.[99] Als Ziele der Zeitung, die zum ersten Mal am 26. Februar 1945 in Berlin erschien, nannte er u. a. die Sorge um die derzeit in Deutschland lebenden nordafrikanischen Arbeiter und Kriegsgefangenen, denen sie ein "kräftiges Bindeglied" und zugleich eine "Verbindung" zur Heimat sein sollte, die - von den Truppen der Alliierten besetzt - Opfer "neuer imperialistischer Begehrlichkeiten" sei. Die erste Nummer enthielt neben Nachrichten aus dem nordafrikanischen "Arbeitermilieu" in Deutschland sowie vom Kriegsschauplatz auch einen "Gastkommentar" von Werner Otto von Hentig (1886 - 1984), bis 1939 Leiter des Orientreferats im Auswärtigen Amt. Doch obwohl dieser "grosse Ziele für ein kleines Blatt", darunter den Wunsch, "die Zeitschrift auch nach der deutschen Seite hin auszubauen", nannte,[100] blieb es offenbar bei der ersten Nummer; weitere konnten zumindest bisher nicht ausfindig gemacht werden.

Vorläufer dieses ephemeren Blattes könnte möglicherweise die zwischen Januar 1943 und August 1944 in Paris zunächst monatlich, dann - seit Mai 1943 - halbmonatlich und seit Januar 1944 wöchentlich erschienene und nominell von einem "Comité musulman de l'Afrique du Nord" herausgegebene Zeitschrift "ar-Rašīd" gewesen sein. Doch weder von diesem, noch von anderen bei Charles-Robert Ageron erwähnten Schriften konnten bisher Exemplare ausfindig gemacht werden, die zuverlässig Auskunft über Inhalte und Autoren geben könnten: von dem ebenfalls in Paris - seit Juli 1941 - edierten Blatt "ad-Dunyā al-ǧadīda", den vermutlich in Berlin hergestellten Journalen "al-Ǧahīr" und "Lisān al-asīr", welches für die nordafrikanischen Kriegsgefangenen in Deutschland angefertigt wurde[101], sowie "an-Naṣr".

SPRACHROHRE DES ARABISCHEN NATIONALISMUS

Nur ein reichliches Jahr nach dem Ende des ersten Weltkrieges, der Niederlage Deutschlands und dem Zusammenbruch und Zerfall des Osmanischen Reiches, strebten seit Januar 1920 junge Araber zuerst aus Ägypten, dann auch aus Syrien, Jordanien und dem Irak in wachsender Zahl nach Berlin, um dort ein Studium aufzunehmen. Für die Wahl Deutschlands und seiner Hauptstadt mochten für die meisten - und das galt erst recht für die Zeit der Inflation - materielle Gründe ausschlaggebend gewesen sein: Das Land bot den mit Devisen ausgestatteten Studenten günstige Lebensbedingungen, wie Anfang Februar 1920 die Kairoer Zeitung "al-Afkār" ausführlich zu berichten wußte.[102]

"al-Afkār" stand der Ägyptischen Nationalpartei nahe[103], und der Bericht hob auf den Zustrom ägyptischer Studenten nach Deutschland ab, vor dem bereits zwei Monate zuvor der Leiter der ägyptischen Studienmission in Genf, Jules Gagnaux, das Bildungsministerium in Kairo gewarnt hatte. Ende Januar wußte er zu melden, daß das "ägyptische nationalistische Komitee in Berlin ... eine aktive Propaganda unternimmt, um die arabisch sprechenden Studenten in Deutschland, besonders die Muslime, anzuwerben."[104] In der Tat wandte sich am 10. Januar 1920 ʿAbd al-ʿAzīz Šawīš, der in Berlin geblieben war und die Import- und Export-Firma "Wādī an-Nīl" betrieb, an den ihm aus dem ersten Weltkrieg gut bekannten Mitarbeiter des Auswärtigen Amtes, Curt Prüfer (1881 - 1959), um ihn zu bitten, bei der Ausreise nationalistischer ägyptischer Studenten aus der Schweiz behilflich zu sein; Eugen Mittwoch, nunmehr Direktor des aus der "Nachrichtenstelle" hervorgegangenen "Deutschen Orient-Instituts", unterstützte das Anliegen[105]. Im Juli desselben Jahres setzte sich der Mitarbeiter des Orientalischen Instituts der Universität Wien, Hans Schmeisser, für die Einreise ägyptischer Studenten aus Österreich mit den Worten ein, "es wäre nur von Vorteil für Deutschland, wenn den Aegyptern so wenig Schwierigkeiten wie möglich gemacht würden, es dürfte Zinsen tragen!"[106]

Schmeisser bezog sich hier auf eine Ansicht, die nicht wenige Araber jener Zeit, namentlich aus dem nationalistischen Milieu, teilten, derzufolge sich das durch Versailles gedemütigte Deutschland in einer ähnlichen Lage befände wie die durch den Entente-Kolonialismus unterdrückten Araber und anderen Muslime und folglich ihr Verbündeter sei. Diese Auffassung vertraten auch Šāwīš und seine Freunde in der Deutschen Sektion der Ägyptischen Nationalpartei, der er zu dieser Zeit vorstand. Es lag nahe, daß er unter den nach Berlin kommenden Ägyptern um Anhänger warb. Bereits im Oktober 1920 hieß es in einem Bericht des Secret Intelligence Service an das britische Außenministerium, daß die meisten ägyptischen Studenten in Deutschland "junge Leute mit nationalistischen Neigungen" seien; die Mehrheit von ihnen "sind Mitglieder von Familien, mit denen Scheich Abdul Aziz Shawish in der Vergangenheit in engen Beziehungen stand, und der Scheich ist heute in vielen Fällen für die in Deutschland befindlichen Studenten verantwortlich."[107] Ein Jahr später klagte ein Beamter des britischen Außenministeriums gegenüber seinem deutschen Kollegen, "Berlin sei ein Sammelpunkt von unzufriedenen Indern und sonstigen Mohammedanern"[108], und im April 1922 warnte der britische Botschafter in Berlin, D'Abernon, seinen Außenminister Curzon davor, "daß eine Ansammlung von Studenten aus verschiedenen orientalischen Ländern für die englischen Interessen im Orient gefährlich ist oder gefährlich werden kann... Die Sache ist von immenser Wichtigkeit und von extremer Schwierigkeit."[109]

Die erste publizistische Wortmeldung nach dem Kriege kam jedoch nicht von der Ägyptischen Nationalpartei in Deutschland, sondern von dem ägyptischen Studenten Muḥammad Muḫtār Barakāt.[110] Er gab am 15. September 1920 in Berlin das erste Heft der Wochenschrift *"Miṣr"* heraus. Leider konnte bislang kein Exemplar dieser Zeitschrift aufgefunden werden, weswegen auch unbekannt ist, in welcher Sprache sie erschien; der einzige Hinweis auf sie und den Herausgeber stammt aus einer Aktennotiz des Auswärtigen Amtes. Ihr zufolge war die Tendenz des Blattes "radikal nationalistisch, panislamisch und überaus englandfeindlich". Zu den "hiesigen ägyptischen Nationalisten", so hieß es weiter, habe Barakāt "wenig Beziehungen" gehabt; seine "Hintermänner sollen sich in der Schweiz befinden".[111] Das könnte darauf hindeuten, daß Barakāt mit der von Muḥammad Fahmī geleiteten Gruppe der Nationalpartei in Verbindung stand, die als "Hauptrivale" der Gruppierung um Šāwīš galt.[112]

Rund ein halbes Jahr später, am 1. März 1921, kam endlich die *"Aegyptische Korrespondenz. Organ der ägyptischen Nationalpartei in Deutschland"* heraus. Sie erschien in Deutsch, erlebte vier Jahrgänge und gehört damit zu den ausdauerndsten arabischen und islamischen Periodika in Berlin. Die Halbmonatsschrift zählt zugleich zu den bemerkenswertesten arabischen Veröffentlichungen im Ausland: Als Spiegelbild der politischen Auffassungen und Chronik der Aktivitäten des radikalen, kleinbürgerlichen Flügels der ägyptischen Nationalbewegung ist die "Aegyptische Korrespondenz" eine aufschlußreiche historische Quelle und ein interessantes kulturgeschichtliches Dokument dazu.

Die politische Richtung gab der erste Schriftleiter des Blattes, Šāwīš - diese Funktion war stets mit der des Vorsitzenden der deutschen Sektion der Partei identisch[113] -, bereits im Eröffnungsartikel an, der "Aegypten in den Krallen Britanniens" getitelt war[114]: Hauptstoßrichtung war die britische Herrschaft über Ägypten,die auch nach der formalen Unabhängigkeit des Landes im Jahre 1922 nicht aufgegeben wurde. Die zweite Stoßrichtung war der politische Rivale der Nationalpartei, der nach ihrer Ansicht kompromißlerische Wafd um Saʿd Zaġlūl (1860 - 1927). Ein drittes Anliegen war schließlich die Beschwörung eines festen Bündnisses zwischen den arabischen und islamischen Freiheitsbewegungen und Deutschland, dessen Schicksal - wie am Beispiel der

Rheinland- und Ruhrbesetzung deutlich gemacht wurde[115] - mit dem der ersteren eng verknüpft sei.

In diesem Sinne schrieben neben Šāwīš[116] namhafte ägyptische Nationalisten,die auch im weiteren politischen und intellektuellen Leben ihres Landes eine wichtige Rolle spielten: der Mitbegründer und erste Generalsekretär der "Gesellschaft der Muslimischen Jungen Männer", Yaḥyā Aḥmad ad-Dardīrī (gest. 1956)[117], der Vorsitzende der Gruppe "Freier Nil", Ismāʿīl Labīb[118], sein Bruder, der Präsident der Ägyptischen National-Radikalen Partei, Manṣūr Rifʿat[119], und die Pioniere der modernen sozialistischen Bewegung Ägyptens[120], ʿAbd al-Fattāḥ al-Qāḍī (geb. 1896)[121] und ʿIṣām ad-Dīn Ḥifnī Nāṣif (1899-1969)[122]. Vertreter anderer Befreiungsbewegungen wie der Syrer Šakīb Arslān[123] und der Ire Chatterton Hill[124] kamen ebenfalls zu Wort.

Von der deutschen Öffentlichkeit wurde das Blatt zunächst kaum zur Kenntnis genommen, und wenn, dann durchaus freundlich.[125] In einer internen Aufzeichnung des Auswärtigen Amtes aus dem Jahre 1922 wird es dem "linken radikalen Flügel der ägyptischen Nationalisten" zugeordnet und als Medium "zur Beeinflussung eines deutschen Publikums" eingeschätzt. Finanziert würde die "Aegyptische Korrespondenz" teils durch Šāwīš direkt, teils von der "reichen ägyptischen Nationalpartei, für die bei dem gegenwärtigen Stande des ägyptischen Pfundes, das höher steht als das englische, die Herausgabe einer Berliner Korrespondenz eine verhältnismässig geringfügige Ausgabe bedeutet". Obgleich "vom englischen Standpunkt aus als aufrührerisch zu bezeichnen", wurde das Blatt toleriert[126], da offenbar weder von britischer noch von ägyptischer Seite interveniert wurde.[127]

Diese Situation änderte sich jedoch spätestens Anfang 1924: Nachdem das Blatt bereits 1922 und 1923 Anlaß sah, gegen Formen und Inhalte der Berichterstattung in der deutschen Presse über Ägypten und den Orient im allgemeinen sowie gegen Maßnahmen deutscher Behörden gegenüber anderen in Berlin erscheinenden Publikationsorganen Stellung zu nehmen[128], sah sich ʿAbd al-Fattāḥ al-Qāḍī 1924 im Januar/Februar-Heft der "Aegyptischen Korrespondenz" gezwungen, Veröffentlichungen des Herausgebers der "Stimmen des Orients" und Initiators der "Deutsch-Ägyptischen Vereinigung", Max Grühl, zu kritisieren. Dieser hatte in seinem Blatt Briefe des deutschen Afrikaforschers Georg Schweinfurth (1836-1925) publiziert, in denen die Fähigkeit der Ägypter zur Selbstregierung in Zweifel gestellt und der britischen Herrschaft in Ägypten höchstes Lob gezollt wurde.[129] Die scharfe Klage al-Qāḍī's darüber und über den Sinneswandel des "Freundes" Grühl, den er einen "Rechtsradikalen" nennt,[130] beantwortete dieser mit einer Kampagne gegen Ägypter und andere Orientalen in Deutschland;[131] ihr schlossen sich auch die rechts-konservativen "Mitteilungen des Bundes der Asienkämpfer" an.[132]

Es trifft sich, daß auf dem Höhepunkt dieser Auseinandersetzungen die "Aegyptische Korrespondenz" im Sommer 1924 ihr Erscheinen abrupt einstellte. Ursache dafür dürften aber weniger sie gewesen sein, obgleich sie gewissermaßen die Atmosphäre dafür bereiteten; vielmehr waren es wohl die Umstände, die durch das Attentat auf den Wafd-Führer Zaġlūl am 12. Juli 1924 in Kairo geschaffen wurden und sowohl in Ägypten als auch in Deutschland in Repressalien gegen Mitglieder der Nationalpartei mündeten, welche als Urheber des Anschlags betrachtet wurde. In Berlin kam es zu spektakulären Hausdurchsuchungen bei Studenten, die von den ägyptischen Behörden als Mitglieder und Sympathisanten der Nationalpartei genannt worden waren. Vor allem die Eigenmächtigkeiten des ägyptischen Konsuls Ibrāhīm ʿAlī trugen dazu bei, daß die Affäre ein breites Presseecho hatte[133] und sogar den Reichstag beschäftigte[134].

Obwohl die "Aegyptische Korrespondenz" in den Vernehmungsakten der ägyptischen Staatsanwaltschaft, die den deutschen Behörden als Anlage zu Auslieferungsbegehren beigefügt waren, nicht erwähnt wurde, war sie ohne Zweifel von den Vorgängen betroffen, die der deutsche Gesandte in Kairo, Josef Mertens, "die erwünschte Gelegenheit" nannte, um "gegen die Nationalistenpartei vorzugehen"[135]. Sowohl die Anzeige des ägyptischen Konsuls beim Auswärtigen Amt gegen Muḥammad Ǧīrtallāh (geb. 1900), ʿAbd al-Hādi Ǧalāl (geb. 1900), ʿAbd al-Fattāḥ al-Qāḍī, Muṣṭafā al-Karargī (geb. 1896), Muḥammad Abu'l-Ġīṭ (geb. 1895) und as-Sayyid aš-Šarīf[136], die geschehenen und gewünschten Haussuchungen bei ʿAlī Rušdī (geb. 1897), Muḥammad ʿAbd al-Maǧīd Salām, Manṣūr Rifʿat, ʿAlī Ḥusain und Sālim ʿAbd al-Maǧīd,[137] die Auslieferungsbegehren gegen Ǧalāl, Ismāʿīl Ḥilmī, Ṭāhā al-ʿAǧīzī, al-Qāḍī, Abu'l-Ġīṭ, ʿAbd al-Maǧīd, Rifʿat, Ḥusain und Salām[138] waren gegen die beiden letzten Schriftleiter der "Aegyptischen Korrespondenz" und Autoren des Blattes gerichtet. Im Haftbefehl gegen den Attentäter werden Ǧīrtallāh und Ǧalāl genannt, die "in Schriften und Zeitschriften, welche sie veröffentlichten", die Politik des Wafd und Zaġlūls angegriffen hätten.[139]

Obgleich die deutschen Behörden dem Vorschlag des Gesandten Mertens vom 15. Januar 1925 schließlich folgten, die "Erhebungen betreffs der Teilnahme aegyptischer Studenten an geheimbündlerischen Unternehmungen einzustellen und die aegyptischen Auslieferungs- und Rechtshilfeanträge ... ruhen zu lassen"[140], dürfte die Affäre wenigstens der "Aegyptischen Korrespondenz" das Ende bereitet haben.

Die Lücke, die dadurch entstand, konnte nicht mehr geschlossen werden. Am 15. Juli 1923 hatte Yaḥyā Aḥmed ad-Dardīrī zwar die erste Nummer der arabischsprachigen Zeitschrift *"ad-Difā^c al-waṭanī al-miṣrī"* herausgebracht. Sie war offenbar als Organ des 1922 in Berlin gegründeten "Ägyptischen Nationalen Verteidigungskomitees" gedacht, dessen Vorsitzender Abu'l-Ġīṭ und dessen Generalsekretär ad-Dardīrī war. Das Blatt überlebte jedoch nicht seine zweite, im August 1923 erschienene Nummer. Immerhin aber brachten die beiden einzigen politischen Artikel - ein Aufruf "An unser ägyptisches Volk"[141] und eine Studie über die Politik ägyptischer Parteien[142] -, die ad-Dardīrī in der Zeitschrift veröffentlichte, ihm im Februar 1925 in Ägypten eine Anklage wegen Angriffs auf die Regierung Yaḥyā ein.[143]

Die im November 1925 von Muḥammad Fāḍil herausgegebene Zeitung *"Die ägyptische Flagge. Unabhängiges Blatt. Mit Gott für König und Vaterland!"* überstand nicht einmal die erste Nummer. Fāḍil, der im Juni desselben Jahres zum Vorsitzenden der Ägyptischen Nationalpartei in Österreich gewählt worden war und in Innsbruck "Die ägyptische Fahne" redigiert hatte[144], wollte - wovon allein der Untertitel zeugt - mit seinem Blatt auf eigene Weise aus der Krise der Nationalpartei herausfinden. Im Editorial "Was wir wollen!" räumte er ein, "bisher die Grundsätze der ägyptischen Nationalpartei verteidigt" zu haben und beteuerte zugleich, "nicht etwa charakterlos die Farbe zu wechseln und in ein gegnerisches Lager überzuwechseln, wohl aber allen ägyptischen Patrioten, zu welcher Partei sie auch gehören mögen, freimütig und ehrlich die Hand zu einem Schutz- und Trutzbündniss zu reichen."[145] Ein solches Programm trug das deutsch und arabisch geschriebene Blatt offensichtlich nicht.

Im Dezember 1923 erschien in Berlin die erste Nummer der "illustrierten wissenschaftlichen, literarischen und künstlerischen" Zeitschrift *"al-Ḥamāma"*.[146] Redakteur war der Jordanier Muḥammad Ṣubḥī Abū Ġanīma (geb. 1902), der im Oktober 1922 aus Syrien nach Deutschland gekommen war und sich im darauffolgenden November an der Friedrich-Wilhelms-Universität für das Fach Medizin eingeschrieben hatte; als Direktor des Blattes wird ein gewisser Muḥyi'd-Dīn al-Ḥuṣnī genannt, der in Berlin, Bremen, Damaskus und Kairo Firmen betrieb und die Zeitschrift, die auch in Syrien, Jordanien und im Irak vertrieben wurde, vermutlich finanzierte.

Abū Ġanīma war Vorstandsmitglied der nationalistischen Studentenorganisation "Arabische Vereinigung"[147]. Dies und noch mehr der Inhalt der Zeitschrift, nicht zuletzt das von "einem Araber" verfaßte Gedicht "Wa sa-tabqā ʿarabīyatan"[148], in dem der arabische Charakter Palästinas verteidigt wurde, lassen verwundern, daß sie seinerzeit vom Auswärtigen Amt aufgrund einer gutachterlichen Äußerung des mit der arabischen Nationalbewegung sympathisierenden Orientalisten Georg Kampffmeyer (1864 - 1936) als eine "von den Franzosen geleitete Propaganda-Zeitschrift für Syrien" bezeichnet und die zweite, im April 1924 gedruckte Nummer mit einer Auflage von 3000 Exemplaren beschlagnahmt wurde. Zwar wurde das Verbot im Juni vom Berliner Polizeipräsidenten aufgehoben und die Auflage freigegeben, was die Redaktion bewog, sich mit Hinweis auf den Ausnahmezustand in Deutschland für das verspätete Erscheinen des Blattes zu entschuldigen, doch noch im September herrschte im Auswärtigen Amt die Ansicht vor, "al-Ḥamāma" würde "von der französischen Botschaft finanziert"; allerdings wurde ihr Inhalt inzwischen für "unbedenklich" erklärt.[149]

Der Inhalt der Zeitschrift ist, soweit es das vorliegende Material erkennen läßt, deutlich der Absicht ihrer Initiatoren untergeordnet, ein Spiegelbild des "geistigen Fortschritts" zu sein, den "die arabische Jugend in diesem Lande (d. h. Deutschland - G. H.) erwirbt."[150] Dementsprechend enthalten die beiden Nummern neben Aufsätzen über Hippolyte Taine, Oswald Spengler und Rabindranath Tagore Berichte über naturwissenschaftliche und technische Erfindungen und Entdeckungen in Europa sowie Informationen über das Studium von Arabern in Europa, in denen der Nutzen ihrer Studien für die Entwicklung ihrer Heimatländer und die Notwendigkeit eines besseren Bildungswesens dort betont wird.

Besonders deutlich wird das in den mit K(āmil) ʿA(yyād) gezeichneten "Briefen aus dem Westen". Der Autor, Muḥammad Kāmil ʿAyyād (1901 - 1986)[151], der spätere Nestor der modernen syrischen Geschichtswissenschaft, welcher seit Mai 1922 an der Berliner Universität Soziologie studierte, erläutert darin den Sinn des Studiums in Europa aus der Sicht eines arabischen Nationalisten. Zunächst stellt er, hierin von seinem Landsmann ʿAbd al-ʿAzīz Šalabī assistiert[152], den Wert von Zivilisation und Wissenschaft in Frage, wenn "sie dem Menschen nicht bei seinem Wirken zum Wohle des Landes, des Volkes und der Familie hilft"; sodann macht er deutlich, daß er zwar an "unserer orientalischen Zivilisation" festhalte, dies jedoch nicht verhindern könne, möglichst viel von dem in Europa zu lernen, "was uns bei der Verwirklichung unserer nationalen Bestrebungen" nützt. Dazu zählt er vor allem die "materiellen Wissenschaften", diejenigen, auf denen die "westliche Zivilisation beruht" und in denen "das Geheimnis der Überlegenheit der Europäer über uns" begründet liegt. Bei allem Nutzen, den er der im Studium erworbenen Kenntnis von den europäischen Errungenschaften beimißt, müsse der "wirkliche Aufbruch" aber "aus uns selbst" kommen, sein Geist "unser Geist" sein.[153] Denn trotz aller Hochachtung vor der europäischen Wissenschaft [154] war das Motto des Blattes "Mit den Arabern erfolgt der Aufbruch des Orients".[155]

In diesem Sinne verstand es sich auch als ein "Bindeglied zwischen der Jugend im (arabischen bzw. syrischen - G. H.) Vaterland und der Jugend hier",[156] was sich in der selbstbewußten Vermittlung wissenschaftlicher Leistungen der Araber in der Vergangenheit[157] ebenso äußerte wie in dem Appell Zakī Kirāms, bei der Beantwortung der Frage "Wen heirate ich? Eine Ausländerin oder eine Landsmännin?" letzterer ihre Chance zu geben.[158]

Es ist zu vermuten, daß die unverständlichen Verdächtigungen gegen das Blatt auf Anschuldigungen zurückgehen, die von einer Gruppe im Vorstand der "Arabischen Vereinigung" erhoben wurden, welche in der Folge von politisch aktiven Studenten um Abū Ġanīma[159], ᶜAyyād und Muḥammad ᶜAbd an-Nāfiᶜ Šalabī entmachtet wurde. Immerhin dürften sie sowie anzunehmende Finanzierungsschwierigkeiten bewirkt haben, daß es bei den beiden in Berlin erschienenen Nummern von "al-Ḥamāma" blieb; eine dritte soll in Ägypten gedruckt worden sein.[160] Ursprünglich waren neun Nummern und eine Sonderausgabe im ersten Jahrgang vorgesehen gewesen.

Nachdem im Oktober 1936 unter den Auspizien des Reichsministeriums für Volksaufklärung und Propaganda die "Vereinigung der arabischen Studenten in Berlin" unter dem Namen "Vereinigung arabischer Studierender zu Berlin" neugegründet worden war, wandte sich im Sommer 1937 ihr Präsident, der palästinensische Nationalist Darwīš al-Miqdādī (1898 - 1961), an einige deutsche Unternehmen, darunter die IG Farben und die Dresdner Bank, um Mittel unter anderem für "eine monatlich erscheinende Zeitschrift in arabischer Sprache" zu erbitten. Aus einem Schreiben der Geheimen Staatspolizei an das

Auswärtige Amt vom 26. Oktober 1937 geht indessen hervor, daß diese Bemühungen als gescheitert betrachtet werden mußten, "so daß die 'Vereinigung' die Herausgabe der Zeitschrift vorläufig zurückstellt".[161] Es ist nicht bekannt, ob weitere Versuche unternommen wurden.

VERLÖSCHENDES ECHO DES PANISLAMISMUS

1920 wurde in Berlin der "Orient-Klub e. V." gegründet. Sein Vorsitzender war Šakīb Arslān, dessen Stellvertreter ʿAbd al-ʿAzīz Šāwīš. Die Räumlichkeiten des Klubs in der Kalckreuthstraße waren mindestens ein Jahrzehnt lang beliebter Treffpunkt von Menschen aus zahlreichen asiatischen und afrikanischen Ländern, namentlich für Araber, Iraner, Türken, Tataren, Inder und Afghanen. Er war auch Ausgangspunkt von gemeinsamen politischen Aktionen, durch die vor allem die deutsche Öffentlichkeit auf die Probleme der kolonial unterdrückten Völker und ihre Hoffnungen und Erwartungen aufmerksam gemacht werden sollten. Initiator des Klubs war Mehmet Talât (1872 - 1921), der Ende 1918 gemeinsam mit Enver und anderen Führern des "Komitees für Einheit und Fortschritt" aus der Türkei geflohen war und nun in Deutschland und anderen mitteleuropäischen Ländern eine panislamische und panorientalische Bewegung gegen die ehemalige Entente zu organisieren trachtete: Der "Orient-Klub" war offensichtlich Teil des weit verzweigten Netzes der von beiden installierten "Union der islamischen revolutionären Gesellschaften" (Islâm Ihtilâl Cemiyetleri Ittihâdı). Diese Union und auch der Klub waren nach beiden politischen Richtungen hin offen: Nach links suchten und fanden sie, vermittelt durch Karl Radek, den Talât und Enver mehrmals in seiner Moabiter Haftzelle besuchten, Kontakt zur Kommunistischen Internationale[162]; nach rechts bestanden Beziehungen besonders zur "League of Oppressed Peoples" Edwin Emersons und zur "Lega dei Popoli Oppressi" Gabriele D'Annunzios;[163] in Deutschland bestand darüber hinaus eine Zusammenarbeit mit der extremen Rechten um Erich Ludendorff.

Diese eigentümliche panislamisch-panorientalische Szene, die wissenschaftlich noch nicht aufgearbeitet ist[164], brachte in Berlin einige interessante Publikationsorgane hervor. Das wichtigste war *"Liwa-el-Islam. Vierzehntäglich erschei-*

nende politische Zeitschrift"[165]. Das in mehreren orientalischen Sprachen gedruckte Blatt erschien zum ersten Male am 15. März 1921, die deutsche Ausgabe genau drei Monate später - an dem Tage, als Talât in Berlin von dem armenischen Studenten Salomon Teilirian erschossen wurde. Schriftleiter war der Türke Ilias Bragon, ein Tierarzt und "einer der wichtigsten Führer der panislamischen Bewegung"[166], der 1920 aus der Türkei geflüchtet war.[167] Finanziert wurde das von ihm herausgegebene Blatt durch Enver und Talât: Bereits im Februar 1920 sollen 2000 Mark an Bragon geflossen sein[168]; im Januar 1921 wurden an ihn 6000 Mark und speziell für "Liwa-el-Islam" 15.000 Mark überwiesen; im September 1921 waren es 10.000 Mark für das Blatt.[169] Es soll auch eine finanzielle Unterstützung durch Sowjetrußland und die kemalistische Türkei[170] sowie durch den ägyptischen Ex-Khediven gegeben haben.[171]

Angesichts dieser Zusammenhänge erscheint die in einigen Quellen geäußerte Vermutung, "Liwa-el-Islam" sei das Organ des "Orient-Klubs", keineswegs abwegig.[172] Der Inhalt des Blattes bestätigt sie vielmehr. Im Geleitwort zur ersten deutschen Ausgabe umriß Bragon dessen Absicht, "dem deutschen Volke von unserer gerechten Sache und den Grausamkeiten unserer Bedrücker Mitteilung" zu machen. "Wir werden in unseren Zeilen in erster Linie die Leiden der Nationen beschreiben, welche als Mitglied des Islams eine Familie bilden und heute ein Sklavenleben ertragen müssen. Die Befreiung dieser Welt von der Knechtschaft und Erdrosselung, die eine Folge des Imperialismus sind, gilt nicht nur für die Moslims, sondern für alle unterdrückten Völker." Von Deutschland, "welches heute trotz seiner Macht nicht imperialistisch gesinnt ist", erhoffte der Türke, daß es "uns hören und bei unserem Ringen mit den Vergewaltigern und Bedrückern, wie Engländern, Franzosen usw., uns helfen wird". Bei dem gemeinsamen Bemühen, der islamischen Welt zu helfen, "moralisch und materiell wieder hochzukommen", würde die "Mitarbeit aller anderen bedrückten Teile der Menschheit mit großer Freude" entgegengenommen werden.[173]

Dazu zählten zuallererst die orientalischen Völker, denen das Blatt die Möglichkeit zur Meinungsäußerung bot,[174] deren Solidarität Arslān beschwor und die er als das "erste Glied in der Kette ihrer Befreiung" bezeichnete, die Befreiung des Orients hinwiederum sei das "starke Mittel, um Böses zu verhüten und die gegenwärtige Zivilisation zu bewahren."[175] Als Verbündeter galt neben Deutschland vornehmlich Sowjetrußland. "Es gibt manche Menschen", so hieß es Mitte 1921 in "Liwa-el-Islam", "die nicht begreifen können, wie der

Orient, besonders die islamische Welt, für Räterußland Sympathie zeigen kann." Wenn man aber das "Unrecht, das die Entente der Türkei zugefügt hat", zur Kenntnis nehme, "dann kann man es ganz natürlich finden, wenn die islamische Welt Räterußland für einen natürlichen Bundesgenossen hält." Darüber hinaus habe England durch "seine verbrecherische Politik gegen die islamische Welt" für die "islamische Sympathie" für Sowjetrußland gesorgt, das hoffentlich "diese wertvolle Kraft zu schätzen weiß". Darum solle es nicht versuchen, "Prinzipien, die gegen islamische Tradition und Glauben sind, in der islamischen Welt zu verbreiten".[176] Ein Jahr später sah sich das Blatt genötigt, unter der Überschrift "Türkisch-bolschewistische Beziehungen und Enver Pascha" diese Hoffnungen fahrenzulassen.[177]

Änliche, bisweilen schärfere Töne fand ein anderes mehrsprachiges Blatt - *"Āzādī-i šarq. Freiheit des Ostens. Politische, wirtschaftliche und soziale Zeitschrift"*[178]. Es erschien zum ersten Male am 31. Mai 1921 in Berlin. Herausgeber war der Iraner ʿAbd ar-Raḥmān Saif (geb. 1889), der sich bereits während des Krieges in Deutschland aufgehalten, ein Regierungsstipendium erhalten und damit 1919 in der Reichshauptstadt einen "Persischen Cigarettenladen" eröffnet hatte[179]; nach Einschätzung des deutschen Auswärtigen Amtes war er ein "politisch unbedeutender Mensch".[180] Sein Werdegang und das Schicksal von "Āzādī-i šarq" sowie seiner weiteren publizistischen Aktivitäten lassen vermuten, daß Saif weniger aus ideologischen als opportunistischen Beweggründen handelte und mit seinem Blatt gleichsam auf einen anfahrenden Zug aufsprang. Nichtsdestoweniger war "Āzādī-i šarq" zumindest in den ersten Jahren seiner Existenz ein wichtiges Blatt der panislamisch-panorientalischen Szene in Berlin und das im Orient wohl am weitesten verbreitete.

In der ersten Nummer machte Saif unter der Überschrift "Was wir wollen!" sein Anliegen deutlich. Ziel sei die "Mitarbeit an der Befreiung der Völker des Ostens aus den Banden fremder Knechtschaft, die Bekämpfung aller imperialistischer Bestrebungen, die Mithilfe zur wirtschaftlichen und industriellen Erstarkung und zur geistigen Förderung aller Völker des Orients".[181] In der zweiten Nummer, die am Tag der Ermordung Talâts erschien, ging Saif weiter. Er verwies darin auf einen "wertvollen Faktor", den Deutsche wie Orientalen als "Heilmittel" gegen den Imperialismus nicht übersehen sollten, nämlich das "Bestehen der russischen Volksregierung". "Wir wollen damit nicht sagen," schränkte Saif zwar ein, "daß wir Orientalen oder Deutsche Bolschewisten werden sollen, sondern nur das Eine, daß wir gemeinsam ... nach Kräften mithelfen sollen bei der Bekämpfung der wahren ländergierigen Feinde der Welt." Doch er rief aus: "Es lebe die geistige Einheit zwischen den Russen, Deutschen und Orientalen!"[182]

So finden sich in den ersten Jahrgängen von "Āzādī-i šarq" konsequenterweise neben politischen Artikeln vor allem ägyptischer Nationalisten wie Šāwīš[183], ad-Dardīrī[184], Ǧīrtallāh[185], Labīb[186] und Rušdī[187], Aufrufe der Deutschen Sektion der Ägyptischen Nationalpartei[188] sowie solche, "interessante Aufsätze über die heilige sozialistische Lehre"[189] einzusenden, aber auch die Losung "Russisches Brot endet die deutsche Not"[190] (zur Ruhrhilfe), Bilder von Trockij und Lenin und schließlich Inserate deutscher Firmen. Denn, so heißt es im Blatt, zur Verwirklichung des Befreiungsprogramms verhülfe "uns in allererster Linie die wirtschaftliche Erstarkung".[191]

Es ist gewiß nicht verwunderlich, daß diese eigenartige Mischung von scharfem Nationalismus und Antiimperialismus, von Germano- und Russophilie sowohl in der Öffentlichkeit als auch bei den Behörden in Deutschland Irritationen hervorrief. Rezensenten bemerkten namentlich bei "Āzādī-i šarq" eine "politisch scharfe Tonart"[192], eine "ausgesprochen englandfeindliche" Richtung[193] sowie eine "gewisse russenfreundliche Tendenz".[194]

Ähnlich urteilten Auswärtiges Amt und der Staatskommissar für öffentliche Ordnung. Obgleich dem Amt schon rechtzeitig, im Februar 1921, die Absicht Talâts zur Kenntnis gelangt war, mit Hilfe von "Liwa-el-Islam" die "orientalische Presse von den Entente-Meldungen, die sie jetzt ausschließlich beherrschen, durch Lieferungen von Nachrichten aus deutschen und neutralen Quellen unabhängig zu machen"[195], verfolgte es die nur bis Ende 1922 währenden Bemühungen des Blattes voller Mißtrauen: Mit seiner Tendenz, die "panislamisch und ausgesprochen englandfeindlich" ist, sei es von allen in Berlin erscheinenden orientalischen Blättern "am meisten ernst zu nehmen",[196] und der Staatskommissar für öffentliche Ordnung fügte wenig später, im Oktober 1921, besorgt hinzu, es sei "ein stark bolschewistisch gefärbtes Journal".[197]

Dies wurde auch "Āzādī-i šarq" bescheinigt. Zwar hatte Saif bereits im Juli 1921 seine Zeitung Reichspräsident Friedrich Ebert "zur geneigten Kenntnisnahme" übersandt und in seinem Begleitschreiben die Hoffnung ausgedrückt, daß die "Gefühle der Freundschaft und Achtung zwischen Deutschland und den Völkern des Ostens und Orients in naturgegebener Interessengemeinschaft eine Festigung erfahren möge(n)"[198], zwar hatte das Auswärtige Amt ein Abonnement des Blattes "aus psychologischen Gründen" für wichtig gehalten[199], doch blieb das Verhältnis der deutschen Behörden zu Saif und "Āzādī-i šarq" stets gespannt. Nachdem die politischen Ziele beider anfangs noch als "nicht klar erkennbar"[200] bezeichnet wurden, stand im Auswärtigen Amt bereits im Herbst 1921 fest, daß ihre Tendenz "schroff mohammedanisch-nationalistisch" und "nicht allein gegen England, sondern gegen die gesamte Entente gerichtet" sei. Besonders wurde hervorgehoben, daß "Āzādī-i-šarq" - im Unterschied zu "Liwa-el-Islam" - wohl "mit starker finanzieller Beihilfe aus Sowjet-Russland" erschiene[201] und daß das Programm der Zeitschrift "mehr als die erstgenannte auf bolschewistische Bestrebungen" hindeute.[202]

Wesentlich heftiger waren die Einschätzungen und vor allem Reaktionen in Großbritannien und Frankreich sowie ihren Kolonial- und Mandatsgebieten. Das geschah vor dem allgemeinen Hintergrund einer in dieser Zeit fast panisch zu nennenden Furcht vor einem mit Deutschland und Sowjetrußland verbundenen politischen Panislamismus, und es hatte konkrete Anlässe. Spätestens Ende 1921 tauchen in den Akten des britischen Außenministeriums und des India Office Hinweise auf, daß "Liwa-el-Islam" und "Āzādī-i šarq" in Ägypten[203], Dubai, Qatar, Oman und im Naǧd[204] sowie in Iran[205] und Indien[206] vertrieben und gelesen wurden, was - im Unterschied zu den rein deutschsprachigen Periodika - der multilingue Charakter der beiden Zeitschriften ermöglichte. Die zuständigen britischen Stellen waren stark beunruhigt. In ihren Berichten wurden die Blätter als "durchweg antibritisch"[207], als "panislamisch und bolschewistisch" bezeichnet; in ihnen sei Sowjetrußland "Gegenstand schmeichelhafter Artikel", wohingegen Frankreich und England "Gegenstand heftiger Attacken" bildeten.[208]

Am 30. Mai 1922 bat der britische Gesandte in Teheran, Percy Loraine, Außenminister Balfour, herauszufinden, "ob irgendwelche Schritte unternommen werden können, um die deutsche Regierung zu veranlassen, diesen durch und durch schädlichen Publikationen ein Ende zu setzen, deren sich die sowjetischen Stellen in Persien umfassend bedienen".[209] Dies ist offenbar geschehen. Im Juni desselben Jahres teilte Saif in "Āzādī-i šarq" mit, daß er vom Auswärtigen Amt ermahnt worden sei, künftig einen maßvollen Ton anzuschlagen[210], was ihn zu der Bemerkung veranlaßte: "Wir wünschen nicht, den deutschen Behörden Schwierigkeiten zu bereiten. Unser gutes Recht zu objektiver Berichterstattung können wir aber nicht aufgeben ... Noch glauben wir in der Tat nicht in einer englischen Kolonie zu leben".[211] Wenig später, am 4. August, informierte der britische Botschafter in Berlin, D'Abernon, seinen Außenminister darüber, daß Staatssekretär Edgar Haniel von Haimshausen (1870 - 1935) vom Auswärtigen Amt Saif "nachdrücklichst" aufgefordert habe, "seinen Ton bezüglich der englischen Politik und englischen Staatsmänner zu ändern."[212]

Trotz weiterer solcher Vorstöße bei der Reichsregierung gelang es nicht, ein Veröffentlichungsverbot für "Liwa-el-Islam", "Āzādī-i šarq" und andere Erzeugnisse des Berliner Verlages "Kaviani"[213] durchzusetzen, so daß das britische Außenministerium schließlich im Frühjahr 1924 empfahl, die "Sache auf sich beruhen zu lassen". Allerdings vermochte es Einfuhr- bzw. Transitverbote in Indien und Iran sowie in Frankreich und Italien zu veranlassen.[214]

Es ist nicht deutlich, ob dieser Druck die Einstellung von "Liwa-el-Islam" im Dezember 1922 bewirkte, oder ob es finanzielle Gründe waren, die Bragon zur Aufgabe zwangen. Vermutlich spielte letzteres die ausschlaggebende Rolle: Das Ende des Blattes erfolgte, nachdem am 14. April 1922 mit der Ermordung der Berliner Vertrauten Envers, Cemal Azmi (1875 - 1922) und Bahaettin Şâkir (1876 - 1922), und schließlich mit dem Tod Envers selbst im August offensichtlich die Geldquellen versiegten.

Auch Saif litt unter Geldmangel, der offenbar selbst durch Bitten bei der sowjetischen und afghanischen Vertretung in Berlin um Unterstützung[215] nicht behoben werden konnte. Dieser und der gelegentlich noch immer zu verspürende, allerdings von den deutschen Behörden abgefederte Druck britischer Demarchen bewogen ihn spätestens 1925, den politischen Antikolonialismus seiner Publizistik ihrer schrittweisen Kommerzialisierung zu opfern.[216] Obwohl er aus dem April-Heft von "Āzādī-i šarq" einen, wie im Auswärtigen Amt beifällig registriert wurde, "gegen England gerichteten Angriff noch nachträglich herausnehmen" ließ[217] und ansonsten versprochen hatte, "sich in Zukunft auf rein wirtschaftliche Angelegenheiten zu beschränken"[218], wurde ihm die im Mai erbetene "einmalige Beihilfe der deutschen Regierung"[219] nicht gewährt. Konsul Wilhelm Litten teilte ihm dies am 16. Juni 1925 mit, wobei er nicht verfehlte, Saif daran zu erinnern, daß er, Litten, ihn von Anfang an davor gewarnt habe, eine Zeitung zu gründen und dafür sein "damals gutgehendes Handelsgeschäft" aufzugeben; nach wie vor halte er das "Zeitungsunternehmen in seiner heutigen Form für verfehlt".[220] Im September des folgenden Jahres konnte er aber bezüglich "Āzādī-i šarq" feststellen: "Der Inhalt der Zeitschrift entspricht durchaus den von Abdurrahman Seif Asad früher gegebenen Versicherungen und befasst sich nur mit wirtschaftlichen Dingen."[221]

Noch drei andere, allerdings eher marginale Blätter der panislamisch-panorientalischen Szene in Berlin sind zu nennen: die in Englisch geschriebenen "The Crescent. The only Muslim Organ in Europe", "The Muslim Standard" und die gelegentlich auch in Urdu und anderen orientalischen Sprachen erschienene "El-Islah. A Monthly Arabic Journal - Literary and Commercial".

"The Crescent" mit dem irreführenden Untertitel erschien zwischen dem 7. September 1923 und April 1924. Er wurde von dem Afghanen Mohammed Wali Khan herausgegeben, der über enge Beziehungen zum "Orient-Klub" sowie zur Islamischen Gemeinde und zur Ahmadia verfügte. Sein im vergriffenen ersten Heft formuliertes Anliegen war es, die zentrale Lage Deutschlands zu nutzen, um von hier aus "Mißverständnisse über die Ereignisse und über den Charakter der islamischen Welt" beseitigen zu helfen, die Rechte der islamischen Völker zu verteidigen sowie deren Solidarität untereinander und ihre Beziehungen zu Deutschland zu stärken. Besondere Aufgabe war es, Kenntnisse über und Sympathie für das Afghanistan Amānullāhs zu verbreiten.[222] Im Mittelpunkt standen naturgemäß Afghanistan sowie die islamische Solidarität - vor allem mit ihm[223]. Auch die kemalistische Türkei fand Unterstützung, allerdings nur bis zur Abschaffung des Kalifats, die Wali Khan heftig kritisierte.[224] Deutschland fand seine Sympathie vor allem wegen der Rheinland- und Ruhrbesetzung durch die Entente[225], was übrigens in der warmherzigen Besprechung Kampffmeyers besonders hervorgehoben wird.[226]

Diese Sympathie hinderte Wali Khan indessen nicht, Kritik an deutschen Veröffentlichungen über den Orient zu üben. Zunächst übte er sie an den "Mitteilungen der Deutsch-Persischen Gesellschaft", die "The Crescent" eine "eigenartige Blüte" genannt hatten, welche "bald verwelken wird"[227] und denen er deshalb "Unkenntnis der elementaren Regeln des Journalismus" vorwarf.[228] Den nächsten Angriff führte er gegen den Schriftleiter der "Mitteilungen des Bundes der Asienkämpfer", Hans H. Mulzer. Dieser hatte auszugsweise einen ursprünglich in den "Stimmen des Orients" veröffentlichten Artikel über "Orientalen und deutsche Mädchen"[229] nachgedruckt und rassistisch kommentiert[230]. Wali Khan warf Mulzer deshalb "dumme Rassenüberheblichkeit"[231] vor - und zwar in *"The Muslim Standard"*, der im November 1924 erschien und "The Crescent" nachfolgte, welcher offenbar aus den gleichen Gründen wie "Liwa-el-Islam" und "Āzādī-i šarq" von den britischen Behörden in Indien verboten worden war.[232] Schon vorher hatte Wali Khan gegen Mulzer Privatklage erhoben, weil ihn dieser gelegentlich als "Freund Englands" denunziert hatte. Mulzer brachte bei der Verhandlung dieser Klage vor dem Amtsgericht Schöneberg am 17. Februar 1925 seinerseits Wali Khans Vorwurf des Rassismus als Gegenklage vor und erreichte einen Vergleich: Beide nahmen ihre Beschuldigungen zurück.[233] Am Schicksal des "Muslim Standard" änderte das nichts: Es blieb bei der einen Nummer, die neben den genannten Vorwürfen Artikel enthielt, in denen für die Politik Zaġlūls geworben, zur Solidarität für ᶜAbd al-Krīm aufgerufen und gegen den Dawes- und den Young-Plan polemisiert wurde.[234]

Sehr wenig ist über *"El-Islah"* bekannt, von dem kein Original vorlag. Das Blatt mit dem unzutreffenden Untertitel wurde erstmals im Juni 1925 von dem indischen Panislamisten Mohammad Barakatullah (1859 - 1927) herausgegeben. Aus Frankreich ausgewiesen, hatte der in der Schweiz seinen Wohnsitz genommen, "El-Islah" aber in Berlin, wo er sich bisweilen aufhielt und wo er eine "Gesellschaft zur Verbreitung der Korankunde" gegründet hatte, die in Beziehung zur Ahmadia stand, drucken lassen.[235] Die Zeitschrift erschien vermutlich bis Juli 1926. Rezensenten erkannten als ihr Anliegen die Schaffung einer "internationalen islamischen Entente"[236] bzw. eines "'geistigen' Kalifats".[237]

IM ISLAM LIEGT DAS HEIL

Der Zustrom einer großen Zahl von Muslimen aus Ländern Asiens und Afrikas unmittelbar nach dem Ende des ersten Weltkrieges hatte die Herausbildung verschiedener Organisationsformen des religiösen Lebens in und um Berlin zur Folge. Die erste war die Islamische Gemeinde e. V., die 1922 entstand.[238] Ihr Begründer und Imam war der Inder (Abdul) Jabbar Kheiri (geb. 1880). Im Oktober 1922 gab er die erste Nummer des Gemeindeorgans *"Islam. Ein Wegweiser zur Rettung und zum Wiederaufbau"* heraus.

In dem programmatisch zu nennenden Artikel "Der Untergang und die Rettung. Eine Untersuchung über die Heilmittel mit aufbauender Kraft" zeichnet Kheiri, mit Oswald Spengler belegt, ein apokalyptisches Bild der abendländischen Zivilisation. "Abgesehen von den dichterischen und philosophischen Klagen über Sozialverhältnisse, die vielleicht seit Anfang der Gesellschaft bestehen, haben sich die Zustände, besonders seit Mitte des 18. Jahrhunderts, so ungeheuer verschlimmert, daß selbst kalte und ernste Köpfe leidenschaftlich die Schäden der modernen Zivilisation und Kultur beklagen." "Das ganze sogenannte Kulturgebäude ist erschüttert. Staat, Recht, Wirtschaft, Gesellschaft und Familie", so Kheiri, damit auch die innersten Ängste verschreckter Menschen im Deutschland der revolutionären Nachkriegskrise aussprechend, "fast alle menschlichen Organisationen haben offenbar keine Stabilität mehr". Auch der Orient sei vom Verfall des Westens betroffen, denn "wenn die von dem betäubenden Einflusse der abendländischen Zauberflöte wiedererweckten versklavten Völker vor den unerträglichen Schäden und gefährlichen Folgen der sogenannten abendländischen Zivilisation und Kultur ihre einzige Zuflucht in der Befreiung von satanischen Mächten suchen sollen, dann werden sie jedesmal mit vernichtenden Machtmitteln unterdrückt und mit despotischen Gewaltmaßregeln terrorisiert".

Im Angesicht dieser bedrohlichen Entwicklungen sei die Hauptaufgabe der Menschheit, "ein Heilmittel, das nicht nur heilt und rettet, sondern auch fähig ist, recht bald auf dem geraden Weg zum ewigen Frieden, zur völligen Wohlfahrt und zum unendlichen Fortschritte mit Sicherheit zu führen, durch wohlorganisierte wissenschaftliche Erkenntnisse und weltgeschichtliche Erfahrungen zu suchen". Da alle bisherigen Theorien, Philosophien und Religionen, wie Kheiri nachzuweisen bemüht ist, vor der Geschichte versagt hätten, bleibe "nur eine einzige Religion, und das ist der Islam". Für ihn späche, daß er "die einzige Religion ist, die die Integrität ihres Offenbarungsinhaltes vollkommen bewahrt und als Beweis ihrer Offenbarungstatsache ihren Stifter als Vorbild für die ganze Menschheit vorgestellt hat. Weiter hat die Rationalitäts- und Nützlichkeitsfrage tatsächlich in der Geschichte ihre Lösung gefunden und kann sie auch gegenwärtig finden. Der Islam", behauptet der Inder zum Schluß, "war in aller Vergangenheit und ist heute in der Gegenwart und in der Zukunft und ewig die wahre Religion der Menschheit. Also Islam ist absolute Religion." Deshalb könne nur er "allein uns aus der gefährlichen Lage retten und die zerstörte Welt wieder aufbauen".[239] Ganz in diesem Sinne empfahl Kheiri den Propheten Muḥammad als die "größte Gnade Gottes für die ganze Welt Vorbild und wahres Ideal für jeden Menschen".[240]

Sieht man von den Menschen in Deutschland ab, deren Grundstimmung Kheiri mit diesen Worten traf und die wie der Berliner Christ Albert Seiler und der

Lemberger Jude Leopold Weiss in Berlin zum Islam übertraten, so stießen diese und andere Ausführungen in "Islam" in der Öffentlichkeit auf ein sehr zwiespältiges, im Ganzen ablehnendes Echo. Während der Islamwissenschaftler Kampffmeyer, der Kheiri zufolge die Herausgabe des Blattes unterstützt haben soll[241], noch die Chance begrüßte, sowohl "ein möglichst unverfälschtes Bild davon zu erhalten, welche Seiten des Christentums und unserer Kultur" sich dem Islam und den Muslimen aufdrängen[242], als auch selbst Kenntnis vom Islam "an einer so unmittelbaren Quelle schöpfen" zu können[243], nahmen vor allem christlich-theologische sowie völkische Kreise Anstoß. Während erstere Kheiri vorwarfen, bei seinen Lesern "eine bodenlose Unkenntnis des Islam" vorauszusetzen und ihnen "längst widerlegte Ammenmärchen" auftischen zu wollen[244], erblickte Max Grühl stellvertretend für letztere im "Islam" eine "Kampfansage an das Christentum". Er billigte Kheiri zwar zu, "seine Ansichten über das Christentum" zu äußern, selbst wenn es sich um ein "Zerrbild desselben" handele, protestierte aber entschieden dagegen, daß der Inder dies "in einer öffentlichen deutschen Zeitschrift tut, um den Islam bei uns zu propagieren"[245].

"Islam" brachte es nur auf zwei Nummern; die letzte erschien im Mai 1923, weil, wie der Herausgeber in der Vita zu seiner fünf Jahre später verteidigten Dissertation erklärte, "infolge der deutschen Inflation mein beträchtliches Barvermögen, welches mir ein sorgenfreies wissenschaftliches Leben gestattet hätte, vernichtet wurde"[246].

Ein ähnlich barsches Urteil wie über "Islam" fällten deutsche nationalistische Kreise auch über die *"Moslemische Revue"*, die im April 1924 zum ersten Mal erschien und die mit Abstand längste Lebensdauer aller in Deutschland herausgegebenen orientalischen Periodika hatte[247]. Veranlaßt wurde das auch inhaltlich anspruchsvolle Blatt von dem Vertreter der Lahore-Richtung der Ahmadia in Berlin, Sadr-ud-Din. Um diese Gruppe und ihre 1925 in Wilmersdorf eröffnete Moschee entwickelte sich ein zunächst von der Islamischen Gemeinde getrenntes religiöses Leben[248], von dem die "Moslemische Revue" künden sollte. Das Blatt, das zweifellos durch die Ahmadiyya Anjuman Isha'at Islam in Lahore finanziert wurde, vertrat einen Islam, der den "Mittelweg" zwischen Kapitalismus und Sozialismus suche und sich gegen das "Böse, das durch die Anhäufung von Reichtümern in den Händen weniger auf Kosten der Vielen entsteht", wende[249]. Er gebe den Menschen Richtlinien, wie sie sich "innerhalb der menschlichen Gesellschaft als gute Staatsbürger, als Berufsarbeiter und als Familienmitglieder zu verhalten haben"[250]. Dieses Angebot, das, verbunden mit der Absicht, "in immer weiteren Kreisen des deutschen Volkes ein gerechtes Verständnis für den Islam zu wecken"[251], durchaus auf Missionierung zielte und - wie die 1930 gegründete "Deutsch-Muslimische Gesellschaft" zeigt - Erfolge zeitigte, stieß namentlich bei den Völkischen im Reich auf Kritik. Der notorische Mulzer denunzierte die Publizistik der "Moslemischen Revue" als einen Kampf gegen das Christentum, den er "glatt eine Unanständigkeit" nannte und zum Anlaß nahm, sich jegliche Propaganda des Islam in Deutschland, darunter auch die Kheiris, dessen Blatt längst eingegangen war, zu "verbitten"[252].

Ganz anders beurteilte einige Jahre später der Lehrer Hermann Meltzer die "Moslemische Revue". In einer ausführlichen und verständnisvollen Rezension des Jahrgangs 1929 bekannte er, daß manches darin nicht dem Bilde entsprechen möge, "das sich die meisten unter uns von dem Islam machen. Wir werden aber guttun", bemerkt er, "diesen nicht nach vorgefaßter und überlieferter Meinung zu beurteilen, sondern uns von Muhammedanern sagen zu lassen, wie sie ihre Religion auffassen". "Gewiß wird nicht jeder Muslim die hier ausgesprochenen Anschauungen teilen", fügte Meltzer hinzu, "aber das ist ja bei Darstellungen des Wesens des Christentums geradeso."[253]

Als einfach falsch erwies sich übrigens Mulzers Behauptung, die "Moslemische Revue" bringe "nichts Politisches", sondern sei lediglich als "islamische Propagandaschrift" gedacht[254]. Das Blatt äußerte sich vielmehr häufig und qualifiziert zu politischen Fragen der islamischen Völker unter dem Kolonialismus. Bereits in ihrer zweiten Nummer setzte sich der deutsche Muslim Khalid Banning - von Mulzer übrigens als "Renegat" beschimpft[255] - mit dem Versuch Großbritanniens und der Zionisten auseinander, zu Lasten und zum Schaden vornehmlich der Araber Palästinas einen "jüdischen Nationalstaat" zu errichten und damit einen "Keil zwischen die moslemischen Länder zu schieben". Dieser Staat habe, so Banning, neben britischen Politikern und Zionisten "noch eine andere Art von Anhängern. Das sind die Antisemiten und Hakenkreuzler, welche die Balfour-Erklärung sogar in die antisemitischen Parteiprogramme aufgenommen haben. Es gibt in Europa nämlich Elemente genug, die nichts sehnlicher herbeiwünschen, als einen jüdischen Staat in Palästina, damit sie" - hier bewies der Autor einen geradezu beängstigenden Weitblick - "dessen Vorhandensein als Vorwand benutzen können, um die Juden kopfüber aus Europa hinauszuwerfen und sie in Palästina umkommen zu lassen. Es ist daher kein bloßer Zufall, daß der Antisemitismus seit dem Zustandekommen des

Balfourstaates einen ungeheuren Aufschwung genommen hat. Das", vermutet der Autor, "begreifen auch die Einsichtigen unter den Juden". "Sonst", so schließt er, "zieht aber die Gefahr herauf, daß der europäische Antisemitismus sich auch in den islamischen Staaten Eingang verschafft, was im Interesse des Islams wie der Juden gleich sehr zu bedauern wäre"[256].

An anderer Stelle setzte sich Sadr-ud-Din mit der Beschuldigung des ägyptischen Nationalisten, Manṣūr Rifᶜat[257], und der Kampffmeyers[258] auseinander, er habe sich im ersten Weltkriege im englischen Dienst gegen Deutschland betätigt und täte das weiterhin[259]. In diesem Zusammenhang bekannte er, "im englischen Inselreich den grössten und erbittertsten Feind des Islams" zu erblicken; die "Zerstückelung des türkischen Reiches und die Entkräftung der übrigen moslemischen Staaten" seien sein Werk[260]. Er erinnerte an eine von ihm veröffentlichte Broschüre, in der er gegen die koloniale Unterdrückung der Inder Stellung genommen hatte. Diese seien bestrebt, schrieb er darin, "die britische Herrschaft in Indien zu stürzen, denn sie ist drückend und ungerecht, sie ist eine schwere Belastung der indischen ökonomischen Hilfsquellen, und sie hält die indische Industrie zugunsten des britischen Handels nieder". Und an anderer Stelle dehnte er seine Kritik am Kolonialismus auf weitere europäische Staaten aus. "Die Deutschen, die Belgier, die Franzosen, die Holländer, sie alle haben Kolonien im Osten. Ihre Art, die östlichen Völker zu behandeln, ist mehr oder weniger dieselbe[261]."

Sadr-ud-Dins Nachfolger Khan Durrani wandte sich gegen einen Artikel, der im Oktober 1925 im Plauener "Vogtländischen Anzeiger und Tageblatt" erschienen und in dem die französische Kolonialpolitik in Marokko und Syrien verteidigt worden war. Obgleich die "Moslemische Revue", wie er hervorhob, "keine politische Zeitschrift" sei, sehe er sich dennoch veranlaßt, den "Verleumdungen und Verfälschungen" in dem Blatte entgegenzutreten. Scharf verurteilte er den Kolonialkrieg der Franzosen gegen die marokkanischen Rifkabylen um ᶜAbd al-Krīm und bezeichnete ihn als "barbarisch". Auch Syrien, so der Autor, seufze "unter der imperialistischen Bedrückung durch Frankreich, das ... beständig nur das eine Ziel im Auge hat: jedes Nationalgefühl in jenem Lande durch in Tunis und Algier bereits erprobte Methoden zu zertreten." Seinen Protest gegen den französischen Kolonialismus verband Khan Durrani mit einer Kritik des "kapitalistischen Wirtschaftssystems in Europa". "Die Geschichte", schreibt er, "hat ihr Urteil über Nutzen und Nachteil dieser Einrichtung noch nicht gesprochen. Bis jetzt hat der Kapitalismus durch seine

Massnahmen aber zugleich auch die Gegenextreme Sozialismus, Kommunismus und Bolschewismus auf den Plan gerufen[262]".

Im Unterschied zu nahezu allen anderen in Berlin erscheinenden islamischen Periodika nahm die "Moslemische Revue" zur kemalistischen Türkei und der von ihr verfügten Abschaffung des Kalifats eine moderate Haltung ein. Während die Berliner Muslime wie wohl die meisten ihrer Glaubensgenossen in der Welt diesen Schritt heftig verurteilten, bedauerte ihn das Oberhaupt der Ahmadiyya Anjuman Isha'at Islam, Mohammed Ali, in dem Blatt zwar, nahm jedoch zugleich das türkische Volk vor unbeherrschten Ausfällen auch in Berlin in Schutz. Gewiß hätte sich eine große Erregung der Muslime, "besonders derer in Indien" bemächtigt, doch die "Türken als Abtrünnige zu verleumden, oder sie als Feinde des Islams zu bezeichnen ... - das ist ein schlechter Dienst für die Sache des Islams". Nach Ansicht Mohammed Alis wurzele der Zusammenhang des Islam tiefer und beruhe auf zuverlässigerer Grundlage, "als es das Kalifat ist", nämlich in den Grundsätzen des Islam. Daher sei der wertvollste Dienst, den man dem verschwundenen Kalifat leisten könne, "die Verstärkung der freundschaftlichen Bande zwischen den Gliedern der moslemischen Welt". Das schlösse die Zurückweisung dynastischer Ansprüche, wie sie etwa der englandhörige Scherife von Mekka erhebe, ein[263]. An anderer Stelle rief er - ähnlich wie Barakatullah in "El Islah" - dazu auf, "den Kalifatsgedanken im Geiste aufrechtzuerhalten[264]".

Zehn Jahre später, anläßlich des Jubiläums der "Moslemischen Revue", sah sich derselbe Mohammed Ali bemüßigt, das "neue Regime in Deutschland" willkommen zu heißen, "weil es die einfachen Prinzipien des Lebens, die der Islam einprägt", begünstige.[265] Dies sowie gelegentliche weitere Ergebenheitsbekundungen gegenüber den Nationalsozialisten wie jene unsägliche Zakī Kirāms[266] vermochten indessen nicht, den Fortbestand des bemerkenswerten Blattes nach Ausbruch des zweiten Weltkrieges zu sichern; die letzte Nummer erschien im Frühjahr 1940.[267]

Am Ende der zwanziger Jahre erlebte die arabisch-islamische Publizistik in Berlin noch einmal einen Aufschwung. Sie war dem syrischen Maschinenbaustudenten an der Technischen Hochschule Charlottenburg, Muḥammad ʿAbd an-Nāfiʿ Šalabī (1901 - 1933), zu verdanken, der zwischen 1927 und 1929 drei beachtenswerte deutschsprachige Blätter herausbrachte: das "Islam-Echo", "Die Islamische Gegenwart" und "Der Islamische Student". Šalabī's (Tschelebi)

Initiative geschah unter dem Eindruck der Erlebnisse, die er als Pilger im Sommer 1926 auf dem Islamischen Kongreß in Mekka gewonnen hatte, vor dem Hintergrund des sich dem Ende neigenden Aufstands seines Volkes gegen die französische Herrschaft und nicht zuletzt der Solidarität, die er und seine Landsleute in dieser Zeit in Europa erfuhren.

Das *"Islam-Echo. Wöchentlicher Nachrichtendienst über Politik, Wirtschaft und Kulturfragen in den gesamten Ländern des Islam"* als das erste in dieser Reihe erschien seit dem 1. April 1927 in zunächst sehr bescheidener, maschinenschriftlicher Form. In einem Werbeschreiben aus demselben Monat erläutert Šalabī sein Anliegen: "Um ein gegenseitiges Verständnis zwischen Orient und Okzident zu ermöglichen, ist es notwendig, dass europäisch gebildete Moslimin die Stimme ihrer Völker und die Ziele ihrer Bewegungen den Europäern vermitteln." In Mekka habe er mit den "Vertretern der verschiedenen Nationen des Islams die besten Beziehungen anknüpfen" und sich "über die Verhältnisse der einzelnen Länder genau informieren" können, was ermöglichen würde, im "Islam-Echo" wirklich "authentische Nachrichten und Berichte über die politischen, wirtschaftlichen und kulturellen Vorgänge und Entwicklungen in den islamischen Ländern" zu bringen.[268] In der Tat enthielten die Ausgaben der Zeitschrift eine Fülle von Meldungen sowie Korrespondenzen aus der islamischen Welt, in denen vor allem über den Widerstand der Völker gegen die Kolonialherrschaft sowie über Fortschritte des nationalen Aufbaus und der islamischen Solidarität berichtet wurde.[269]

Šalabi wurde bei seinem finanziell durchaus risikovollen Unternehmen durch Georg Kampffmeyer ermuntert, der überhaupt namentlich der syrischen Nationalbewegung wichtige Dienste leistete und deswegen zeitweise erheblichem Druck ausgesetzt war.[270] Der Orientalist, für den Šalabī ein "ernsthafter Muslim, ein aufrichtiger Anhänger der arabischen Sache" war, erblickte in dessen Bemühen eine Möglichkeit, die "bisher entbehrte regelmäßige Fühlung mit der arabischen Presse" aufzunehmen, "ein treues Bild der Willensrichtungen des islamischen Orients" und den Hinweis "auf diejenigen Tatsachen und Entwicklungen des islamischen Orients" zu gewinnen, "die dem Muslim selbst wichtig erscheinen"[271]. Er setzte sich vor allem für die finanzielle Unterstützung des Blattes ein und rief seine Fachkollegen zum Bezug desselben auf.[272] In der von ihm herausgegebenen "Welt des Islams" veröffentlichte er regelmäßig Meldungen aus dem "Islam-Echo"[273], worin ihm einige andere Periodika folgten.[274]

Das Lob, das das "Islam-Echo" fand[275], war indessen nicht ungeteilt. Bereits einen Monat nach Erscheinen der ersten Nummer wandte sich die spanische Botschaft in Berlin an den Reichskommissar für Überwachung der öffentlichen Ordnung mit der Bitte, das Blatt, von dem ihr ein Werbeexemplar zugegangen war, und seinen Herausgeber zu überprüfen[276]; dies geschah im Zusammenhang mit Auskünften, die die Botschaft über ein "Interislamisches Comité"[277] bzw. eine "Islamitische Kommission für das Rifgebiet"[278] wünschte, welche offenbar erhebliche Beunruhigung ausgelöst hatten. Im Schreiben des Reichskommissars an das Berliner Polizeipräsidium wurde der Verdacht geäußert, das Blatt könnte "anti-spanisch, anti-italienisch und anti-französisch" eingestellt sein.[279] Von der Abteilung IA des Polizeipräsidiums wurde dieser Verdacht nicht bestätigt; als entlastend wurde im Antwortschreiben u. a. die wohlwollende Haltung Kampffmeyers gegenüber dem Blatt genannt.[280] Neuerliche Anfragen der Spanier[281] sowie des Auswärtigen Amtes im August 1927[282], das vermutlich durch einen Bericht seines Konsuls in Beirut, Heribert Schwörbel, vom 28. Juni aufgeschreckt worden war, in dem von "Falschmeldungen" des "Islam-Echos" über die Ereignisse in Syrien sowie von "bolschewistischen Einflüssen" auf das Blatt die Rede war[283], wurden vom Polizeipräsidium wiederum mit der beruhigenden Auskunft beschieden, daß Šalabī und sein Mitarbeiter Mohammed Hassan Walter Hoffmann "bisher keinen Anlass zu politischen Bedenken" gegeben hätten.[284] Der Reichskommissar übernahm im wesentlichen diese Beurteilung, fügte in seinem Schreiben an das Auswärtige Amt vom 5. November jedoch hinzu, daß Landsleute Šalabī's "unbekannten Namens" in der Redaktion ein- und ausgingen.[285]

Bereits kurz danach begann sich der Ton zu ändern: Anfang November hatte die italienische Botschaft dem Reichskommissar einen Brief übermittelt, in dem ein gewisser Bruno Kramer Šalabī beschuldigte, Geld von der sowjetrussischen Botschaft erhalten zu haben und damit "rührige Propaganda unter den orientalischen Studenten in Berlin" sowie im "Islam-Echo" ein "wüstes und ungerechtfertigtes Gehetze" gegen Italien zu betreiben.[286] Die mit den Ermittlungen beauftragte Abteilung IA fand heraus, daß Kramer 1926 bei einer Wanderung durch Vorderasien Šalabī kennengelernt und mit ihm im selben Jahr die Pilgerfahrt nach Mekka absolviert hatte.[287] Der Deutsche war inzwischen Mitglied der Islamischen Gemeinde und - das erklärt vermutlich die Denunziation - ein Gegner des Syrers in dessen Streit mit dem Imam der Gemeinde, Kheiri. Auf jeden Fall wurde Šalabī nun vom Polizeipräsidium dem Reichskommissar als eitel und geldgierig beschrieben und beschuldigt, "Material über die seinerzeitigen Aufstände in Kleinasien pp. der Russischen Botschaft und der IAH" übermittelt zu haben.[288] Eine dem Vorgang angefügte Aktennotiz vom 8. Februar 1928 vermerkt, daß Šalabī von dem Pariser Sowjetdiplomaten Perumov einem gewissen Jakubovič (von der Kommunistischen Internationale ?) empfohlen worden sei, da er sich "als Propagandist der Ideen für die Befreiung des Ostens" eigne.[289]

Šalabī hatte in jener Zeit tatsächlich Kontakte zur Linken, namentlich zu der im Februar 1927 in Brüssel gegründeten "Liga gegen Imperialismus und für nationale Unabhängigkeit" und ihren arabischen Vertretern Arslān, Maẓhar al-Bakrī und Ḥamdī al-Ḥusainī sowie zur deutschen Sektion der Liga, zu deren Mitbegründern auch die Islamische Gemeinde und die ihr nahestehende Akademiker- und Studentenorganisation "Islamia" gehörten.[290] Es gibt Hinweise, daß sich der Leiter des in Berlin befindlichen Internationalen Sekretariats der Liga, der Inder Virendranath Chattopadhyaya (1880 - 1937), um den Syrer bemühte, den er den "aktivste(n) und intelligenteste(n) der Araber in Berlin" nannte.[291]

Anzunehmen ist, daß die von jungen arabischen Nationalisten um Šalabī forcierte Politisierung der Islamischen Gemeinde und der "Islamia" sowie anderer Organisationen zu den Ursachen der Auseinandersetzung gehört, die 1927 in der Gemeinde ausbrachen.[292] Im Widerstand gegen den autokratischen Leitungsstil Kheiris bemächtigten sich Šalabī und seine Anhänger am 7. November 1927 der Führung der "Islamia"; drei Tage vorher hatten sie - unterstützt von Kampffmeyer - als Alternative zur Islamischen Gemeinde das "Islam-Institut zu Berlin e. V." gegründet. Im selben Monat erschienen zum ersten Mal *"Die Islamische Gegenwart. Monatsschrift für die Zeitgeschichte des Islam"* als Organ des Instituts[293] und *"Der Islamische Student. Publikationsorgan der 'Islamia' Akademisch-Islamischen Vereinigung und der Vereinigung Arabischer Studierender 'El Arabiya'"*.[294]

Beide Blätter, vor allem die von dem deutschen Muslim Mohammed Hassan Walter Hoffmann (geb. 1901) redigierte "Islamische Gegenwart", ergänzten das inzwischen in Syrien verbotene[295] und von britischen Behörden im Ausland überwachte [296] "Islam-Echo" besonders durch namentlich gezeichnete Artikel. Zu Worte kamen unter anderem die in Berlin tätigen ägyptischen Nationalisten ʿAbd al-Wahhab ʿAbd al-ʿAzīz (geb. 1899)[297], Muḥammad Ṭāhā Abu'd-Ḏahab (geb. 1900)[298], Ǧalāl[299] und Muḥammad Šafīq[300], die seit langem über kein eigenes Publikationsorgan mehr verfügten, sowie der Syrer Iḥsān al-Ǧābirī.[301]

Warum alle drei Blätter im Sommer 1929 ihr Erscheinen einstellten, ist nicht geklärt. Die Quellen weisen darauf hin, daß sich die Beziehungen zwischen Šalabī und den deutschen Behörden verschlechterten. Offenbar spätestens seit Februar 1927 unter Beobachtung, als er in der "Deutschen Gesellschaft für Islamkunde" über die politische Lage auf der Arabischen Halbinsel referierte[302], behielten ihn der Reichskommissar für Überwachung der öffentlichen Ordnung, die Polizei und das Auswärtige Amt im Blick. So geschah es im April 1928, als die von ihm geleitete "Islamia" Vorträge von ihm selbst, von Ǧalāl und von dem Inder Mohammed Amin Faruqui über die arabische, ägyptische und indische Freiheitsbewegung ankündigte, welche vom Kommando der Schutzpolizei zwar mit dem beschwichtigenden Vermerk registriert wurden, diese sähen "ihren Hauptgegner in England", die aber, da Demonstrationen "nach Schluß dieser Versammlungen nicht ausgeschlossen" seien, zu überwachen waren.[303] Im Sommer 1929 kam es schließlich zu einer Kontroverse mit dem Auswärtigen Amt, das Šalabī mehrmals aufforderte, die Quelle für den im "Islam-Echo" veröffentlichten Text des im April zwischen Deutschland und dem Königreich von Ḥiǧāz, Naǧd und der zugehörigen Gebiete abgeschlossenen Freundschaftsvertrages zu nennen. Dieser weigerte sich, was "Befremden" beim Amt hervorrief, das noch dadurch gesteigert wurde, als die deutsche Gesandtschaft in Kairo herausfand, daß einer der ägyptischen Dolmetscher die "Indiskretionen" begangen hatte.[304]

Ob nun die Einstellung der publizistischen Aktivitäten Šalabī's[305] auf einen möglichen Druck deutscher Behörden zurückzuführen ist, ob sich der Syrer nach seiner Begegnung mit dem Landsmann Farīd Zain ad-Dīn und dem Palästinenser Darwīš al-Miqdādī in Genf im Herbst 1929 tatsächlich der Gründung einer "Untergrundorganisation arabischer Nationalisten mit Branchen in allen arabischsprachigen Ländern" zugewandt hatte[306] oder ob doch geflossene Gelder nach dem Linksruck der Kommunistischen Internationale plötzlich versiegt waren - sie bedeutete jedenfalls das Ende der selbstbestimmten arabischen und islamischen Presse in Deutschland bis 1945.[307]

ANMERKUNGEN

1 Ami Ayalon, *Sihafa*: The Arab Experiment in Journalism. In: Middle Eastern Studies, London 28(1992)2, S. 258.

2 Aʿlām aṣ-ṣiḥāfa al-ʿarabīya, Kairo 1948.

3 aṣ-Ṣiḥāfa al-ʿarabīya al-muhāǧira, Kairo 1985.

4 3200 Revues et journaux arabes du 1800 à 1965, Paris 1969.

5 aṣ-Ṣiḥāfa as-siyāsīya, Kairo 1962; Tāriḫ aṣ-ṣiḥāfa al-islāmīya (1884-1980). Bd 1: al-Manār, Kairo 1983.

6 Mudawwanāt aṣ-ṣiḥāfa al-ʿarabīya. Bd. 1-3, Beirut 1985.

7 aṣ-Ṣiḥāfa al-ʿarabīya naš'atuhā wa taṭawwuruhā, Beirut 1961.

8 aṣ-Ṣiḥāfa al-muhāǧira. Dirāsa wa taḥlīl, Kairo 1983.

9 Tāriḫ aṣ-ṣiḥāfa al-islāmīya, Bagdad 1985.

10 Tāriḫ aṣ-ṣiḥāfa al-ʿarabīya. Bd. 1-4, Beirut 1913-1933.

11 Tāriḫ aṣ-ṣiḥāfa, Algier 1960.

12 Zain al-ʿĀbidīn al-Kattānī, aṣ-Ṣiḥāfa al-maġribīya. Bd. 1: 1826-1920, Rabat 1970; ʿAbd ar-Raḥmān ʿAwāṭif, aṣ-Ṣiḥāfa al-ʿarabīya fi'l-Ǧazā'ir, Kairo 1978; Muḥammad aš-Šaʿbūnī, aṣ-Ṣiḥāfa bi-Ṣafāqus min 1904 ilā 1982, Sfax 1986; ʿAlī Muṣṭafā al-Miṣrātī, Ṣiḥāfat Lībiyā fī niṣf qarn, Beirut 1960; ʿAbd al-ʿAzīz aṣ-Ṣuwaiʿī, Bidāyāt aṣ-ṣiḥāfa al-lībīya 1866-1922, Misurata 1989; Ibrāhīm ʿAbduh, Taṭawwur aṣ-ṣiḥāfa al-miṣrīya, Kairo 1951; ders., Taṭawwur aṣ-ṣiḥāfa al-miṣrīya wa āṯāruhā fi'n-nahḍatain al-fikrīya wa'l-iǧtimāʿīya, Kairo 1945; Fārūq Abū Zaid, aṣ-Ṣiḥāfa wa qaḍāyā al-fikr al-ḥurr fī Miṣr, Kairo 1974; ders., Azmat al-fikr al-qaumī fi's-siḥāfa al-miṣrīya, Kairo 1976; Sāmī ʿAzīz, aṣ-Ṣiḥāfa al-miṣrīya mauqiʿuhā min al-iḥtilāl al-inǧlīzī, Kairo 1968; Midḥat al-Basyūnī, Ṣuḥufiyūn ḫalfa al-quḍbān, Kairo 1990; Ramzī Mīḫā'īl Ǧayid, Azmat ad-dīmuqrāṭīya wa ma'ziq aṣ-ṣiḥāfa "al-qaumīya" 1952-1984, Kairo 1986; Anwar al-Ǧundī, Taṭawwur aṣ-ṣiḥāfa al-ʿarabīya fī Miṣr, Kairo 1967; Muḥammad Manṣūr Maḥmūd Haiba, aṣ-Ṣiḥāfa al-islāmīya fī Miṣr baina ʿAbd an-Nāṣir wa's-Sādāt 1952-1981, al-Mansura 1990; Aḥmad Ḥamrūš, Qiṣṣat aṣ-ṣiḥāfa fī Miṣr, Kairo 1989; Suhair Iskandar, aṣ-Ṣiḥāfa al-miṣrīya wa'l-qaḍāyā al-waṭanīya 1946-1954, Kairo 1992; Naǧwā Kāmil, aṣ-Ṣiḥāfa al-wafdīya wa'l-qaḍāyā al-waṭanīya 1919-1936, Kairo 1989; Sāmī ʿAbd al-ʿAzīz al-Kūmī, aṣ-Ṣiḥāfa al-islāmīya fī Miṣr fi'l-qarn at-tāsiʿ ʿašar, al-Mansura 1992; Ḥasan Kāmil al-Mauǧī, Daur aš-šāmīyīn fi'ṣ-ṣiḥāfa al-miṣrīya (1841-1900), Universität Kairo 1978; ʿAbd al-ʿAlīm al-Qabbānī, Naš'at aṣ-ṣiḥāfa al-ʿarabīya bi'l-Iskandarīya, Kairo 1973; Ḫalīl Ṣābāt u.a., Ḥurrīyat aṣ-ṣiḥāfa fī Miṣr, 1798-1924, Kairo 1972; Rifʿat as-Saʿīd, aṣ-Ṣiḥāfa al-yasārīya fī Miṣr 1925-1948, Kairo 1977; Laṭīfa M. Sālim, aṣ-Ṣiḥāfa wa'l-ḥaraka al-waṭanīya al-miṣrīya 1945-1952, Kairo 1987; Muḥammad Ṣāliḥ Maḥǧūb, aṣ-Ṣiḥāfa as-sūdānīya fī niṣf qarn, 1903-1953, Khartum 1971; Iḥsān ʿAskar, aṣ-Ṣiḥāfa al-ʿarabīya fī Filasṭīn, al-Urdunn, Sūriyā wa Lubnān, o.O. 1982; ders., Naš'at aṣ-ṣiḥāfa as-sūrīya, Kairo 1972; ders., Taṭawwur aṣ-ṣiḥāfa as-sūrīya, Kairo 1973; Naṣṣūḥ Bābīl, Ṣiḥāfa wa siyāsa: Sūrīya fi'l-qarn al-ʿišrīn, London 1987; Adīb Ḥaddūr, aṣ-Ṣiḥāfa as-sūrīya, Damaskus 1972; Ǧūzīf Ilyās, Taṭawwur aṣ-ṣiḥāfa as-sūrīya fī mi'at ʿām 1865-1965, Beirut 1983; Šams ad-Dīn ar-Rifāʿī, Tāriḫ aṣ-

ṣiḥāfa as-sūrīya. Bd. 1-2, Kairo 1969; Yūsuf Asʿad Dāġir, Qāmūs aṣ-ṣiḥāfa al-lubnānīya
1858-1974, Beirut 1978; ʿAbd ar-Raḥīm Ġālib, Mi'at ʿām min tārīḫ aṣ-ṣiḥāfa Lisān al-ḥāl, Beirut 1988; Mīšāl al-Ġarīb, aṣ-Ṣiḥāfa al-lubnānīya wa'l-ʿarabīya, Beirut 1982; Ḫalīl Ṣābāt, aṣ-Ṣiḥāfa al-lubnānīya wa dauruhā fī ḥayāt Lubnān as-siyāsīya wa'l-iǧtimāʿīya, Kairo 1978; Yūsuf Ḫūrī, aṣ-Ṣiḥāfa al-ʿarabīya fī Filasṭīn, 1876-1948, Beirut 1976; Muḥammad Ǧumʿa al-Waḥš, Maǧallat an-Nafā'is al-filasṭīnīya wa ittiǧāhātuhā al-adabīya, Amman 1989; Yaʿqūb Yahūšuʿa, Tārīḫ aṣ-ṣiḥāfa al-ʿarabīya fī Filasṭīn fi'l-ʿahd al-ʿuṯmānī (1908-1918), Jerusalem 1974; ʿAbd ar-Razzāq al-Ḥasanī, Tārīḫ aṣ-ṣiḥāfa al-ʿirāqīya, Najaf 1935; Fā'iq Buṭṭī, Ṣiḥāfat al-ʿIrāq, Bagdad 1968; ders., al-Mausūʿa aṣ-ṣuḥufīya al-ʿirāqīya, Bagdad 1976; Razzāq Ibrāhīm Ḥasan, aṣ-Ṣiḥāfa al-ʿummālīya fi'l-ʿIrāq, Bagdad 1979; Zāhida Ibrāhīm, Kaššāf bi'l-ǧarā'id wa'l-maǧallāt al-ʿirāqīya, Bagdad 1971; Munīr Bakr at-Tikrītī, aṣ-Ṣiḥāfa al-ʿirāqīya wa ittiǧāhātuhā as-siyāsīya wa'l-iǧtimāʿīya wa't-ṯaqāfīya, Bagdad 1969; Hādī Ṭuʿma, al-Iḥtilāl al-brīṭānī wa'ṣ-ṣiḥāfa al-ʿirāqīya, Bagdad 1984; Muḥammad Nāṣir ibn ʿAbbās, Mūǧiz aṣ-ṣiḥāfa fi'l-Mamlaka al-ʿarabīya as-saʿūdīya, Riyad 1971; ʿUṯmān Ḥāfiẓ, Taṭawwur aṣ-ṣiḥāfa fi'l-Mamlaka al-ʿarabīya as-saʿūdīya, Jidda 1978; Muḥammad ʿAbd ar-Raḥmān aš-Šamīḫ, aṣ-Ṣiḥāfa fi'l-Ḥiǧāz 1908-1941, Beirut 1971; Muḥammad ʿAbd al-Malik al-Mutawakkil, aṣ-Ṣiḥāfa al-yamanīya naš'atuhā wa taṭawwuruhā, Universität Kairo 1983; Aḥmad al-Badr u.a., aṣ-Ṣiḥāfa al-kuwaitīya, Kuweit 1980; aṣ-Ṣiḥāfa al-qaṭarīya wa'l-qaḍāyā al-ʿarabīya 1971-1981, Doha 1984.

13 1908 schrieb Max von Oppenheim in einer an Reichskanzler Bernhard von Bülow gerichteten Denkschrift, die "muhammedanische Presse hat aufgehört, eine quantité négligeable zu sein". Mit dem Hinweis darauf, daß Frankreich - verwiesen sei nur auf Léon Bouvats Kolumne "La Presse musulmane" in der Pariser "Revue du Monde Musulman" - und England "seit mehreren Jahren schon die muhammedanische Presse in richtiger Wertschätzung ihrer Macht mit der grössten Aufmerksamkeit verfolgen", empfahl er, daß "auch wir der muhammedanischen Presse erhöhtes Interesse zuwenden". Bundesarchiv, Abteilungen Potsdam (BArchP), Auswärtiges Amt, Film 64626. Nennenswert aus früher Zeit sind La Presse Arabe en 1927, Casablanca 1928 und Kamal Eldin Galal, Entstehung und Entwicklung der Tagespresse in Ägypten, Limburg bzw. Frankfurt/M. 1939.

14 Vgl. Gerda Hansen, Massenmedien im Kontext der politischen und gesellschaftlichen Entwicklung des Vorderen Orients. Eine Auswahlbibliographie, Hamburg 1990. Im einzelnen siehe u.a. René Duchac, Regards sur la presse tunisienne, Tunis 1960; Hassan Ragab Morsy, Entwicklung und Struktur der ägyptischen Presse der Gegenwart, Freie Universität Berlin 1961; ders., Die ägyptische Presse, Hannover 1963; Ahmed Muddathir, Die arabische Presse in den Maghreb-Staaten, Hamburg 1966; Andreas Kabus, Die Hauptzüge der Entwicklung der ägyptischen Presse nach der Revolution vom 23. Juli 1952, Karl-Marx-Universität Leipzig 1967; Aziza Ben Tanfous, La presse tunisienne et le Front populaire, Paris 1967; Christiane Souriau-Hoebrechts, La presse maghrebine, Paris 1975; Aida Ali Najjar, The Arabic Press and Nationalism in Palestine, 1920-1948, Syracuse University 1975; Fouad Fahmy Shafik, The Press and Politics of Modern Egypt, 1798-1970: A Comparative Analysis of Causal Relationships, New York University 1981; Fethi Houidi/Ridha Najar, Presse, radio et télévision en Tunisie, Tunis 1983; Mahmod al-Machot, Entstehung und

Entwicklung der Presse in Syrien von 1800-1946, Freie Universität Berlin 1983; Sa'id Khadher al-Orabi al-Harithi, The Mass Media in Saudi Arabia, Ohio State University, Columbus 1983; William A. Rugh, The Arab Press. News Media and Political Process in the Arab World, Syracuse 1987; Moustafa Attach, Massenkommunikation und Politik in arabischen Ländern: exemplarische Analysen der Institutionen und des Medienangebots von Presse und Rundfunk, Universität Göttingen 1987; Dov Shinar/Danny Rubinstein, Palestinian Press in the West Bank: The Political Dimension, Jerusalem 1987; Monika Mühlböck, Die Entwicklung der Massenmedien am Arabischen Golf, Heidelberg 1988; Wolfgang S. Freund (Hrsg.), La presse écrite au Maghreb: réalités et perspectives, Hamburg 1989; Alexandra Senfft, Die gegenwärtige Situation der Presse in Jordanien, Hamburg 1989; Malik Salih Shukur, Press and Government in Iraq: 1932-1968, Wetherby 1989; Qustandi Shomali, The Arab Press of Palestine. Falastin Newspaper, 1911-1967. A Chronological Bibliography. Bd. 1-3, Jerusalem 1990-1992; Amina Aouchar, La presse marocaine dans la lutte pour l'indépendance (1933-1956), Casablanca 1990. Hinzuweisen ist auch auf die Aufsätze von Claude Liauzu, La naissance d'une presse révolutionnaire tunisienne. In: Annuaire de l'Afrique du Nord. Bd. 13, Paris 1975, S. 875-84 und La naissance d'une presse syndicale nationale en Tunisie: An Naquib at Tunisi (1933-1935). In: Cahiers de la Méditerranée, Nizza 14(1977), S. 65-72.

15 Vgl. Fīlīb dī Ṭarrāzī, Tārīḫ aṣ-ṣiḥāfa al-ᶜarabīya. Bd. 4, Beirut 1933, S. 358ff.

16 Vgl. Adīb Murūwa, aṣ-Ṣiḥāfa al-ᶜarabīya naš'atuhā wa taṭawwuruhā, a.a.O., S. 423ff.

17 Vgl. Abdelghani Ahmed-Bioud, 3200 Revues et journaux arabes du 1800 à 1965, a.a.O.

18 Ayalon, a.a.O., S. 259.

19 Vgl. Murūwa, a.a.O., S. 228ff. und S. 408 sowie al-Qāᶜūq und Abū Zaid.

20 Vgl. Fārūq Abū Zaid, aṣ-Ṣiḥāfa al-ᶜarabīya al-muhāǧira, a.a.O., S. 79ff.

21 Vgl. Ṭarrāzī, a.a.O., S. 495. Die genannte Zahl setzt sich aus 133 Titeln, die in Europa, 102 Titeln, die in Nord- und Mittelamerika, und 166 Titeln zusammen, die in Südamerika erschienen sind.

22 Die drei zwischen 1916 und 1938 veröffentlichten Zeitschriften beschreibt Antoine Fleury, Le mouvement national arabe à Genève durant l'entre-deux-guerres. In: Relations internationales, Paris (1979)19, S. 329-54. Das zuerst genannte Blatt ist Gegenstand einer ausführlichen Analyse von Béchir Tlili, La grande guerre et les questions tunisiennes: Le groupement de *La Revue du Maghreb* (1916-1918). In: Les Cahiers de Tunisie, Tunis 26(1978)101-102, S. 31-108. Zur "Tribune d'Orient" vgl. Die Welt des Islams, Berlin 8(1926)2-4, S. 177 und Marc Trefzger, Die nationale Bewegung Ägyptens vor 1928 im Spiegel der schweizerischen Öffentlichkeit, Basel-Stuttgart 1970, S. 109ff. Trefzger verweist noch auf andere von ägyptischen Emigranten in der Schweiz herausgegebene Titel. Vgl. ebenda, S. 34ff. und 401.

23 Joseph Georges Ajami, The Arabic Press in the United States since 1892. A Socio-Historical Study, Ohio University, Athens 1987. Vgl. auch Samuel M. Zwemer, Present-Day Journalism in the World of Islam. In: John R. Mott (Ed.), The Moslem World of To-day, London 1925, S. 145f.

24 Vgl. Die Welt des Islams, 8(1923)1, S. 29-57.

25 Vgl. Nachrichten zur vertraulichen Kenntnis der Mitglieder der (Deutschen) Gesellschaft (für Islamkunde), Berlin 1(1921)1, S. 6 und 1(1921/22)3, S. 19-22.

26 Vgl. Ṭarrāzī, a.a.O., S. 368f. und 400f.; Murūwa, a.a.O., S. 425; Ahmed-Bioud, a.a.O., S. 53.

27 So rechnet er die Zeitschriften "al-Ǧihād", "Die Islamische Welt" und "Der Neue Orient" der (deutschen Sektion) der Ägyptischen Nationalpartei zu. Vgl. Abū Zaid, aṣ-Ṣiḥāfa al-ᶜarabīya al-muhāǧira, a.a.O., S. 81.

28 Ṭarrāzī und Murūwa nennen nur die arabischsprachigen Blätter; der Irrtum Abū Zaids ist wohl auch auf die Deutschsprachigkeit der "Islamischen Welt" und des "Neuen Orient" zurückzuführen.

29 Vgl. Gerhard Höpp, Arabische und islamische Periodika in Deutschland. Initiatoren und Ziele (1915-1929). In: Moslemische Revue, Berlin-Soest 11(1991)3 und 4, S. 150-55 und S. 224-32 sowie 12(1992)1, S. 49-58.

30 Es handelt sich hierbei vor allem um die Periodika "Kāvah", "Irānšahr", "Farangistān", "Irān-i nū", "Paikār" und "Nahẓat" (vgl. u. a. Ahmad Mahrad, Die deutsch-persischen Beziehungen von 1918-1933, Frankfurt/M. 1979) sowie "Die Verteidigung" und "Die Befreiung (Kurtulusch)", die in Berlin erschienen sind, und "Hilal", der in Hamburg herausgegeben wurde.

31 Hierzu gehören "Der ägyptische Herold" aus Leipzig und "Die ägyptische Fahne" aus Innsbruck.

32 Vgl. Politisches Archiv des Auswärtigen Amtes, Bonn (PAAAB), Abt. A, Wk 11, Bd. 2, Denkschrift Oppenheims. Darstellungen dazu u.a. bei Karl Emil Schabinger von Schowingen, Weltgeschichtliche Mosaiksplitter. Erlebnisse und Erinnerungen eines kaiserlichen Dragomans. Privatdruck, Baden-Baden 1967, S.115ff. und Herbert Landolin Müller, Islam, ǧihād ("Heiliger Krieg") und Deutsches Reich. Ein Nachspiel zur wilhelminischen Weltpolitik im Maghreb 1914-1918, Frankfurt/M.-Bern-New York-Paris 1991, S.193ff.

33 In einem Schreiben an den Stellvertretenden Generalstab teilte das Kriegsministerium mit, daß "ihre Vereinigung etwa vom 20. Februar 1915 ab stattfinden kann". BArchP, Auswärtiges Amt, Film 63596, Bl. 62. Das Schicksal der muslimischen Kriegsgefangenen im ersten (wie übrigens auch im zweiten) Weltkrieg ist historisch noch nicht aufgearbeitet. Zeitgenössische Schilderungen finden sich u.a. bei Wilhelm Doegen, Kriegsgefangene Völker. Bd. 1: Der Kriegsgefangenen Haltung und Schicksal in Deutschland, Berlin 1921, S.30ff. und dems., Die feindlichen Kriegsgefangenen in Deutschland. In: Max Schwarte (Hrsg.), Der große Krieg 1914-1918. Bd. 10, Leipzig-Berlin 1923, S.208f. Siehe auch Gerhard Höpp, Zehrensdorf - ein islamischer Friedhof? In: Moslemische Revue, 13(1993)4, S.215-26.

34 Vgl. dens., Muslime in märkischer Heide: Die Wünsdorfer Moschee - 1915 bis 1924. Ebenda, 9(1989)1, S.21-28.

35 Vgl. Ṭarrāzī, a.a.O., S.368f. und Abū Zaid, a.a.O., S.81. Neben "al-Ǧihād" erschienen am selben Tage für die indischen Kriegsgefangenen "Hindostān" in Urdu und Hindi sowie für die georgischen Gefangenen seit 1916 "Khartuli Gazethi".

36 BArchP, Auswärtiges Amt, Film 64101. Die "Nachrichtenstelle", die für den Orient ähnliche Aufgaben erfüllen sollte wie die "Zentralstelle für Auslandsdienst" im neutralen Westen, wurde von Orientalisten geleitet, zuerst von Max von Oppenheim, dann, vom 24. März 1915 bis 22. Februar 1916, von Karl Emil Schabinger von Schowingen und ab 25. Februar 1916 bis nach Kriegsende von Eugen Mittwoch. Eine

Geschichte der "Nachrichtenstelle" ist noch nicht geschrieben; Darstellungen finden sich u.a. bei Schabinger von Schowingen, a.a.O., S.115ff. und Müller, a.a.O., S.193ff.

37 Zit. nach Schabinger von Schowingen, a.a.O., S.130.

38 Vgl. ebenda.

39 Vgl. Müller, a.a.O., S.221. Demzufolge betrug die Auflage für die arabische und russische Ausgabe je 1000 und für die tatarische 3500 Exemplare.

40 BArchP, Auswärtiges Amt, Film 64100.

41 Vgl. Schabinger von Schowingen, a.a.O., S.131.

42 Biographische Angaben u.a. bei Peter Heine, Ṣāliḥ ash-Sharīf at-Tūnisī, a North African Nationalist in Berlin during the First World War. In: Revue de l'Occident Musulman et de la Mediterranée, Aix-en-Provence (1982)33, S.89-95.

43 Vgl. Muḥammad Muwāᶜada, Muḥammad al-Ḫiḍr Ḥusain ḥayātuhu wa āṯāruhu, Tunis 1974.

44 Vgl. Anwar al-Ǧundī, ᶜAbd al-ᶜAzīz Ǧāwīš min ruwwād at-tarbiya wa'ṣ-ṣiḥāfa wa'l-iǧtimāᶜ, Kairo 1965 und Salīm ᶜAbd an-Nabī Qunaibir, al-Ittiǧāhāt as-siyāsīya wa'l-fikrīya wa'l-iǧtimāᶜīya fi'l-adab al-ᶜarabī al-muᶜāṣir: ᶜAbd al-ᶜAzīz Ǧāwīš 1872-1929, Beirut 1968.

45 Vgl. Edward J. Lazzerini, Ibragimov (Ibrahimov), Abdurreşid. In: The Modern Encyclopedia of Russian and Soviet History. Bd. 14, Gulf Breeze 1979, S.111-13 und Mahmud Tahir, Abdurrashid Ibragim. In: Central Asian Survey, Oxford 7(1988)4, S.135-40. Müller nennt noch den Ägypter Muḥammad Farīd. Vgl. Müller, a.a.O., S.222. Dieser kam allerdings erst im Januar 1917 nach Berlin.

46 Vgl. ebenda.

47 Al-Ǧihād. Arabische Ausgabe, (1915)5.

48 Al-Ǧihād. Arabische Ausgabe, (1915)7, (1915)11, (1915)12, (1915)13; al-Ǧihād. Russische Ausgabe, (1915)12.

49 Al-Ǧihād. Arabische Ausgabe, (1915)18.

50 Al-Ǧihād. Russische Ausgabe, (1915)8, (1915)9, (1915)10, (1915)11, (1915)15.

51 Al-Ǧihād. Arabische Ausgabe, (1916)46; Al-Ǧihād. Russische Ausgabe, (1916)46.

52 Al-Ǧihād. Arabische Ausgabe, (1915)9 und 10 bzw. (1916)36.

53 Ebenda, (1915)21.

54 Vgl. Peter Heine, Al-Ǧihād - eine deutsche Propagandazeitung im 1. Weltkrieg. In: Die Welt des Islams, 20(1980)3-4, S.197-99.

55 Zu dieser Problematik vgl. Lothar Rathmann, Ägypter im Exil (1914-1918) - Patrioten oder Kollaborateure des deutschen Imperialismus? In: Asien in Vergangenheit und Gegenwart, Berlin 1974, S.1-23; Werner Ende/Peter Heine, al-Waṭaniyūn al-ᶜarab wa nišāṭuhum as-siyāsī wa'ṣ-ṣuḥufī fī Almāniyā ḥattā nihāyat al-ḥarb al-ᶜālamīya al-ūlā. In: al-Maǧalla at-tārīḫīya al-miṣrīya, Kairo 27(1981), S.199-213; Peter Heine, Ṣāliḥ ash-Sharīf at-Tūnisī, a North African Nationalist in Berlin during the First World War, a.a.O.; William L. Cleveland, Islam against the West. Shakib Arslan and the Campaign for Islamic Nationalism, London 1985; as-Saᶜīd Rizq Ḥaǧǧāǧ, al-ᶜĀlam al-islāmī fi'l-ḥarb al-ᶜālamīya al-ūlā, Kairo 1989; Jacob M. Landau, The Politics of Pan-Islam, Oxford 1990; Gerhard Höpp, Zwischen Entente und Mittelmächten. Arabische Nationalisten und Panislamisten in Deutschland (1914 bis 1918). In: asien, afrika, lateinamerika, Berlin 19(1991)5, S.827-845.

56 Vgl. Rathmann, a.a.O., S.23.

57 Der Text des Aufrufes findet sich u.a. in: SSSR i Arabskie strany 1917-1960gg. Dokumenty i materialy, Moskau 1961, S.57-59.

58 Al- Ǧihād. Arabische Ausgabe, (1918)73.

59 Al-Ǧihād. Russische Ausgabe, (1916)45.

60 Vgl. BArchP, Auswärtiges Amt, Film 64100.

61 Vgl. Heine, Al-Ǧihād - eine deutsche Propagandazeitung im 1. Weltkrieg, a.a.O., S.198.

62 Schabinger von Schowingen, a.a.O., S.131.

63 Vgl. Heine, Al-Ǧihād - eine deutsche Propagandazeitung im 1. Weltkrieg, a.a.O. und Müller, a.a.O., S.221f.

64 Müller, a.a.O., S.221, nennt einen anderen Grund.

65 Vgl. Stefan Wangert, Die Zeitungen der orientalischen und kaukasischen Kriegsgefangenen in Deutschland. In: Der Neue Orient, Berlin 7(1920)5-6, S.220f.

66 Die Köpfe des Blattes wurden nach volkstümlichen Motiven gestaltet; Nummer 3 vom 10. Januar 1917 zeigt beispielsweise eine idyllisierende Ansicht des "alten Algier".

67 Die russische Ausgabe erschien, vermutlich im Januar 1917 zum letzten Mal, die beiden Ausgaben von "Hindostān" im August 1918. Die tatarische Ausgabe liegt bis Nummer 82 vom 8. Juli 1918 vor, zählt aber mindestens bis Nummer 91.

68 Vgl. Müller, a.a.O., S.223.

69 In Erwägung waren auch die Namen "ad-Difāʿ" und "al-Aḫbār" gezogen. Vgl. BArchP, Auswärtiges Amt, Film 64626.

70 BArchP, Auswärtiges Amt, Film 64101.

71 Diese Blätter sind registriert von Ṭarrāzī, a.a.O., S.376 und 382f. Zu "al-Mustaqbal" vgl. Landau, a.a.O., S.121. Das Anliegen von "al-Ḥaqīqa" wurde damit umschrieben, "die Araber (mit Großbritannien - G.H.) zu versöhnen und alles, was gegenteilige Wirkung haben oder die politischen Differenzen zwischen Arabern und Türken verringern würde, sorgfältig zu vermeiden." India Office Records, London (IOR), L/PS/10/581, File 218/1916. Deutschland verfügte zu dieser Zeit lediglich über den in Istanbul in deutscher und französischer Sprache herausgegebenen "Osmanischen Lloyd/Lloyd Ottoman". Vgl. dazu Irmgard Jacobsen, Die deutsche Pressepolitik und Propagandatätigkeit im Osmanischen Reich von 1908 bis 1918 unter besonderer Berücksichtigung des Osmanischen Lloyd, Universität Hamburg 1988 sowie Beirut 1993, und als Zusammenfassung Irmgard Farah, German Press Politics and Propaganda Activities in the Ottoman Empire, 1908-1918. In: Arab Historical Review for Ottoman Studies, Zagwan (1990)1-2, S.123-32.

72 Vgl. Müller, a.a.O., S.224.

73 Vgl. BArchP, Auswärtiges Amt, Film 64101.

74 BArchP, Auswärtiges Amt, Film 64100.

75 BArchP, Auswärtiges Amt, Film 64101.

76 BArchP, Auswärtiges Amt, Film 64626. Vgl. auch ebenda, Film 63715.

77 Die Islamische Welt, Berlin 1(1917)2, S.63.

78 Ebenda.

79 Ebenda, 1(1916)1, S.1.

80 Abdul Aziz Schauisch, Islam und Reform. Ebenda 1(1917)11, S.633.

81 Abdul Malik Hamsa, Die muselmanischen Völker im Kampf. Ebenda 1(1917)10, S.565f. Vgl. zur panislamischen Tendenz im Blatt auch Landau, a.a.O., S.87f.

82 Über ihn vgl. Muḥammad ʿAlī Ġarīb, Muḥammad Farīd al-fidāʾī al-awwal, o.O. 1958 und ʿAbd ar-Raḥmān ar-Rāfiʿī, Muḥammad Farīd ramz al-iḫlāṣ wa't-taḍḥiya, Kairo 1961.

83 Vgl. die Beiträge von Šāwīš in: Die Islamische Welt, 1(1916)1, S.4; 1(1917)2, S.1ff.; 1(1917)3, S.1; 1(1917)4, S.193; 1(1917)5, S.257; 1(1917)6, S.377; 1(1917)8, S.441; 1(1917)9, S.501; 1(1917)12, S.693 und 3(1918)6-7, S.190f., von Ṣāliḥ aš-Šarīf ebenda, 2(1918)1, S.48f., von ʿAwaḍ al-Baḥrāwī ebenda, 2(1918)2-3, S.72ff. und 3(1918)6-7, S.217ff., von Arslān ebenda, 1(1917)7, S.416, 1(1917)10, S.568f. und 1(1917)12, S.697 und von Būkabūyā ebenda, 1(1917)3, S.57f., 1(1917)4, S.253; 1(1917)6, S.352; 1(1917)9, S.557 und 2(1918)4-5, S.181f.

84 Vgl. Höpp, Zwischen Entente und Mittelmächten, a.a.O., S.836ff.

85 Vgl. Muḥammad Farīd, Aurāq Muḥammad Farīd. Bd. 1, Kairo 1978, S.348.

86 Vgl. Höpp, Zwischen Entente und Mittelmächten, a.a.O., S.837.

87 Aegypten und Brest-Litowsk. In: Die Islamische Welt, 2(1918)1, S.47.

88 Mohammed Farid Bey, 1917-1918. Ebenda, S.15.

89 Müller, a.a.O., S.45.

90 Zit. nach Rathmann, a.a.O., S.13.

91 PAAAB, Pol. Abt. A, Niederländischer Besitz in Asien, Nr.1, Bd. 15.

92 Zu Hartmanns Rolle im ersten Weltkrieg und in der "Nachrichtenstelle" vgl. Martin Kramer, Arabistik and Arabism: The Passions of Martin Hartmann. In: Middle Eastern Studies, 25(1989)3, S.283-300.

93 BArchP, Auswärtiges Amt, Film 64626. Mittwoch schrieb am 23. August an Rhomberg: "Enver Pascha, dem der Scheich nahesteht, hat diesem eine grössere Summe Geldes überwiesen, um im Auslande islamische Zeitschriften zu begründen". Vgl. ebenda, Auswärtiges Amt, Nr.57626, Bl. 16f. Landau, der sich auf Farīds Memoiren bezieht, spricht auch von einer "deutschen Finanzierung". Vgl. Landau, a.a.O., S.110.

94 BArchP, Auswärtiges Amt, Film 64626.

95 Die Datierung ist deshalb schwierig, weil eine Zählung zum ersten Mal in Nummer 25 (Anfang Januar 1941) auftaucht und Nummer einen offensichtlichen Druckfehl er enthält (Ende Januar 1940), denn Nummer 27 hat die Zählung Ende Februar 1941.

96 Ǧalāl zeichnete seine Leitartikel mit "al-Muḥarrir" und andere Beiträge mit "Ǧīm". Er war 1922 nach Berlin gekommen und hatte ein Studium an der Technischen Hochschule Charlottenburg aufgenommen. Unter den arabischen Studenten und Intellektuellen Berlins spielte er eine wichtige Rolle; 1928 und 1929 war er Vorsitzender des "Ägyptischen Studentenvereins an der Technischen Hochschule Charlottenburg". Er arbeitete als Korrespondent u. a. von "al-Balāġ" und "al-Ahrām", Kairo. 1939 promovierte er über "Entstehung und Entwicklung der Tagespresse in Ägypten". Im Dritten Reich war er eine Vertrauens- und Referenzperson des Auswärtigen Amtes und des Propagandaministeriums.

97 Vgl. BArchP, Auswärtiges Amt, Nr. 69284, Bl.54. Vom Reichsrundfunk wurden seit November 1939 dreimal und ab 1940 fünfmal täglich Bulletins der arabischen Sendungen ausgedruckt und in arabische Länder versandt. Vgl. Charles-Robert Ageron, "L'Algérie algérienne" de Napoléon III à de Gaulle, Paris 1980, S.185. Ebenfalls als Propagandaschriften dürften die arabischen Ausgaben von "Signal" und "Der Adler" zu bewerten sein.

98 Vgl. die Mufti-Reden und -aufrufe in: Barīd aš-šarq, Berlin 4(1942)42, S.3; 4(1942)45, S.1ff.; 5(1943)47, S.11ff.; 5(1943)49, S.1ff.; 5(1943)51, S.3f.; 6(1944)52, S.3ff. und 6(1944)53, S.7ff., die Kailānī-Reden ebenda, 5(1943)46, S.11ff. und 5(1943)47, S.2ff., die Beiträge von Arslān ebenda, 4(1942)39, S.15ff. und 5(1943)50, S.21ff., von Ibrāhīm ebenda, 3(1941)37, S.23f., von Abu's-Su^cūd ebenda, 4(1942)42, S.12ff.; 4(1942)43, S.24ff. und 4(1942)44, S.22ff. - sein Beitrag "al-Islām wa'd-duwal ad-dīmuqrāṭīya" und der von Ṣāliḥ "al-Islām wa'l-yahūd" erschienen auch als Separatdrucke (vgl. BArchP, Auswärtiges Amt, Film 4030, Bl.363210ff. und Film 15060, B.307158ff.) -; von Ṣāliḥ ebenda, 4(1942)41, S.21ff.; 4(1942)42, S.25ff.; 4(1942)43, S.28ff.; 4(1942)44, S.28ff.; 4(1942)45, S.23ff. und 5(1943)46, S.28ff. von aš-Šarīf ebenda, 5(1943)46, S.2f., von al-^cAlamī ebenda, 4(1942)38, S.2ff.; 4(1942)39, S.5ff. und 4(1942)40, S.22ff. sowie von Nāṣir ebenda, 4(1942)45, S.10ff.; 5(1943)49, S.21ff. und 5(1943)50, S.12ff.

99 Vgl. BArchP, Auswärtiges Amt, vorl. Nr. 866/1, Bl.26 und 30. ar-Ruwaisī wurde hier als "Prof. Ruessi, Berlin" in die Verteilung von Lebensmitteln einbezogen. Er gehörte 1934 zu den Mitbegründern der Néo-Destour-Partei und war unter den Parteiführern, die 1938 von den französischen Behörden verhaftet und bis Anfang 1943, zuletzt in Tretz, inhaftiert wurden; nach seiner Freilassung infolge der deutschen Besetzung Vichy-Frankreichs zählte er zu den Nationalisten Tunesiens, die auf Zusammenarbeit mit der Achse drängten. Vgl. Mohamed Sayah, Le Néo-Destour face à la première épreuve 1934-1936, Tunis 1981, S.94; Mohamed Salah Lejri, L'évolution du mouvement national tunisien des origines à la deuxième guerre mondiale. Bd. 2, Tunis 1975, S.218f. und Juliette Bessis, La Méditerranée fasciste, Paris 1981, S.229ff.

100 Vgl. al-Maġrib al-^carabī. Al Magreb al'arabi. Der arabische Westen, Berlin (1945)1.

101 Vgl. Ageron, a.a.O., S.195 und 209. Siehe auch: Stefano Fabei, La politica maghrebina del Terzo Reich, Parma 1989, S. 55 und 73 f. Die Arbeit von Claudio Mutti "Il Nazismo e l'Islam" (Saluzzo 1986), in der offenbar Publikationen wie "ar-Rašīd" ausgewertet wurden, lag noch nicht vor.

102 Vgl. Public Record Office, London(PRO), FO 371/5021.

103 Vgl. Arthur Goldschmidt, The National Party from Spotlight to Shadow. In: Asian and African Studies, Haifa 16(1982), S.24.

104 PRO, FO 371/5021.

105 Vgl. BArchP, Auswärtiges Amt, Film 28184, Bl. 116,121 und 114.

106 BArchP, Reichsinnenministerium, Nr. 12372, Bl. 192ff.

107 PRO, FO 371/5021.

108 BArchP, Auswärtiges Amt, Film 17544, Bl. 355634.

109 PRO, FO 371/7558.

110 In den Matrikel- und Gasthörerlisten der Friedrich-Wilhelms-Universität zu Berlin (jetzt Humboldt-Universität) war sein Name jedoch nicht zu finden.

111 BArchP, Auswärtiges Amt, Film 16866.

112 Vgl. Goldschmidt, a.a.O., S.24f.

113 Nach Šāwīš waren ^cAbd al-Ġaffār Mitwallī, Ibrāhīm Ibrāhīm Yūsuf (September bis November 1923), ^cAbd al-Hādī Ǧalāl (Dezember 1923 bis Mai 1924) und Ṭāhā al-^cAǧīzī (Juni bis Juli 1924) Schriftleiter.

114 Vgl. Aegyptische Korrespondenz, Berlin 1(1921)1, S.1f.

115 Vgl. ebenda, 2(1922)5-6, S.220f. und 3(1923)3, S.66ff. und 79f.

116 Vgl. ebenda, 1(1921)2, S.11f.; 1(1921)3, S.20ff. und 1(1922)16-17, S.117f.

117 Vgl. ebenda, 2(1922)8, S.255ff. und 3(1923)6, S.169ff.

118 Vgl. ebenda, 1(1921)15, S.111f.

119 Vgl. ebenda, 3(1923)5, S.135ff.

120 Vgl. Gerhard Höpp, Traditionen der ägyptischen Revolution: Ägyptische Nationalisten in Deutschland, 1920-1925. In: Wolfgang Schwanitz (Hrsg.), Berlin -- Kairo: Damals und heute. Zur Geschichte deutsch-ägyptischer Beziehungen, Berlin 1991, S.72-84.

121 Vgl. Aegyptische Korrespondenz, 1(1921)2, S.14ff.; 1(1921)3, S.19f.; 1(1921)6-7, S.48f.; 1(1921)11-12, S.88ff.; 1(1921)18, S.133ff.; 2(1922)1-2, S.185ff. und 4(1924)1-2, S.1ff.

122 Vgl. ebenda, 1(1921)6-7, S.55f.

123 Vgl. ebenda, 1(1921)2, S.13f.

124 Vgl. ebenda, 1(1921)2, S.14.

125 Vgl. die Besprechung in: Nachrichten zur vertraulichen Kenntnis der Mitglieder der (Deutschen) Gesellschaft (für Islamkunde), 1(1921)1, S.6f.

126 BArchP, Auswärtiges Amt, Nr. 57635, Bl. 142ff.

127 Eine der wenigen aufgefundenen Reaktionen, der Artikel "Our Candid Critics. Egyptian Nationalists in Berlin" in der Kairoer "Egyptian Gazette" vom 27. September 1922, war moderat. Vgl. BArchP, Auswärtiges Amt, Film 16866, Bl. 310092.

128 Zur Erwiderung auf die "B.Z. (am Mittag)" und die "Vossische Zeitung" vgl. Aegyptische Korrespondenz, 1(1922)23-24, S.172ff. und auf die "Deutsche Allgemeine Zeitung" vgl. den Artikel "Die bunte Schande" ebenda, 3(1923)10-11, S.273ff., zur Affäre um "Âzādī-i šarq", auf die noch einzugehen sein wird, ebenda, 2(1922)8, S.238 und zur Auseinandersetzung mit den "Mitteilungen des Bundes der Asienkämpfer" und dessen Behauptungen in 5(1923)5, S.1 und 5(1923)6, S.6 vgl. Aegyptische Korrespondenz, 3(1923)5, S.140ff.; zu den Hintergründen dieser Polemik, bei der es um Beschwerden ägyptischer Studenten, darunter von ʿIṣām ad-Dīn Ḥifnī Nāṣif, über ihre Behandlung in Deutschland ging, vgl. BArchP, Auswärtiges Amt, Film 16216, Bl. 301576ff.

129 Vgl. Max Grühl, Georg Schweinfurth und die ägyptische Frage. In: Stimmen des Orients, Kirchheim-Teck 1(1923)10, S.270-74.

130 Vgl. A.F.M. el-Kadi, Die "Stimmen des Orients" und die ägyptische Frage. In: Aegyptische Korrespondenz, 4(1924)1-2, S.1ff.

131 Vgl. Max Grühl, "Stimmen des Orients" und die ägyptische Frage. In: Stimmen des Orients, 2(1924)11-12, S.294ff., und Orientalen und deutsche Mädchen, ebenda, S.322.

132 Vgl. Mitteilungen des Bundes der Asienkämpfer, Berlin 6(1924)7, S.84.

133 Vgl. u.a. Deutsche Zeitung, Berliner Lokal-Anzeiger und Berliner Börsenzeitung vom 17. Juli, Berliner Morgenpost, Vossische Zeitung, Der Tag, Die Rote Fahne, Berliner Tageblatt und Deutsche Zeitung vom 18. Juli, Deutsche Allgemeine Zeitung vom 19. Juli, Kreuz-Zeitung vom 21. Juli, Deutsche Zeitung vom 23. Juli und Der Tag vom 6. August 1924 sowie Mitteilungen des Bundes der Asienkämpfer, 6(1924)8, S.102ff.

134 Vgl. die Anfrage vom 28. Juli 1924 in: BArchP, Auswärtiges Amt, Film 16867, Bl. 311487.

135 BArchP, Reichsinnenministerium, Nr.13332, Bl. 3.

136 Vgl. BArchP, Auswärtiges Amt, Film 16867, Bl.311444f.

137 Vgl. ebenda, Bl. 311421f.

138 Vgl. BArchP , Auswärtiges Amt, Film 27822, Bl. 52/10ff.
139 Vgl. ebenda, Bl. 52/59.
140 Vgl. ebenda, Bl. 56.
141 Vgl. ad-Difā[c] al-waṭanī al-miṣrī, Berlin (1923)1, S.1ff.
142 Vgl. ebenda, (1923)2, S.1ff.
143 Vgl. BArchP, Auswärtiges Amt, Film 16866, Bl.309976. Er war bereits in der Zaġlūl-Affäre von Zeugen belastet worden. Vgl. ebenda, Film 27822, Bl. 52/30.
144 Das Blatt erschien zwischen 1923 und 1925 und brachte es auf 21 Nummern. Es hatte sich übrigens ebenfalls gegen Grühl ausgesprochen. Vgl. Die ägyptische Fahne, Innsbruck 2(1924)7, S.4; 2(1924)10, S.3 und 2(1924)12, S.2.
145 Die ägyptische Flagge, Berlin 1(1925)1.
146 Registriert von Ṭarrāzī, a.a.O., S.400f., Ahmed-Bioud, a.a.O., S.53 und Abū Zaid, aṣ-Ṣiḥāfa al-[c]arabīya al-muhāğira, a.a.O., S.81. Dem Autor lagen Kopien der ersten Nummer aus der Damaszener Ẓāhirīya-Bibliothek und der zweiten Nummer aus der Bibliothek der Akademie der Arabischen Sprache vor, die er der freundlichen Unterstützung durch Herrn Dr. [c]Abdallāh Ḥannā, Damaskus, verdankt.
147 Sie war 1923 unter dem Vorsitz des Syrers Zakī Kirām (geb. 1886), eines ehemaligen Offiziers im osmanischen Heer, gegründet und im Januar 1925, nachdem junge nationalistische Studenten den alten Vorstand abgesetzt hatten, in "Vereinigung der arabischen Studenten in Berlin" umbenannt worden. Vorsitzende waren u.a. Muḥammad Kāmil [c]Ayyād und Muḥammad [c]Abd an-Nāfi[c] Šalabī.
148 al-Ḥamāma, Berlin (1924)2, S.59.
149 Vgl. BArchP, Auswärtiges Amt, Film 17534, Bl.327866f.
150 al-Ḥamāma, (1923)1, S.1.
151 Zu ihm, besonders seinen Aufenthalt in Berlin, vgl. Gerhard Höpp, Muḥammad Kāmil [c]Ayyād fī Berlin 1921-1929. In: aṭ-Ṭarīq, Beirut 52(1993)2, S.190-97.
152 Ḫawāṭir. Hal al-ḥaḍāra sā'ira ila'l-amām au ila'l-warā'? In: al-Ḥamāma, (1924)2, S.45f.
153 Ebenda, (1923)1, S.23ff.
154 Vgl. das Gedicht des Ägypters Ṭāhā Dināna an den Deutschen Orientalistentag in Leipzig in: al-Ḥamāma, (1924)2, S.60.
155 Ebenda, (1923)1, S.2.
156 Ebenda, S.1.
157 Šaukat aš-Šaṭṭī, [c]Arab am yahūd? Ebenda, (1924)2, S.36ff.
158 Ebenda, S.43ff.
159 Abū Ġanīma, der bis zu seiner Promotion im Jahre 1929 im Vorstand der "Vereinigung der arabischen Studenten in Berlin" verblieb, spielte eine wichtige Rolle im politischen Leben der arabischen Länder. Er war Mitglied der Istiqlāl-Partei und Sekretär der Arabischen Exekutive in Transjordanien, wo er 1932 die "Ğam[c]īyat musā[c]adat al-[c]ummāl al-urdunnīyīn" gründete, nahm am Islamischen Kongreß 1931 in Jerusalem und am Arabischen Kongreß 1937 in Bludan teil, gehörte während des zweiten Weltkrieges zum Kreis des Großmuftis Amīn al-Ḥusainī, rief 1946 die "Ḥizb al-urdunnī al-[c]arabī" ins Leben und war jordanischer Botschafter in Syrien.
160 Vgl. BArchP, Auswärtiges Amt, Film 175534, Bl. 327867.
161 Vgl. ebenda, Film 15205.

162 Vgl. Karl Radek, Nojabr'. Stranička iz vospominanij. In: Krasnaja Nov', Moskau-Leningrad (1926)10, S.164f., und Otto-Ernst Schüddekopf, Karl Radek in Berlin. In: Archiv für Sozialgeschichte, Bonn 2(1962), S. 97f.

163 Vgl. Mario Tedeschini Lalli, La questione araba e la Lega dei Popoli Oppressi nella Fiume Dannunziana. In: Annali della Facoltá di Scienze Politiche. Scritti in memoria di Paolo Minganti, Cagliari 1983, S.597-624.

164 Hinweise darauf finden sich bei Martin Kramer, Islam Assembled. The Advent of the Muslim Congresses, New York 1986, S.69ff. und Landau, a.a.O., S.228ff.

165 Registriert und beschrieben in: Nachrichten zur vertraulichen Kenntnis der Mitglieder der (Deutschen) Gesellschaft (für Islamkunde), 1(1921)1, S.5; Die Welt des Islams, 8(1923)1, S.26f.; Zwemer, a.a.O., S.145; Murūwa, a.a.O., S.425. Letzterer nennt irrtümlich Arslān als Herausgeber.

166 PRO, FO 371/7807, Bl.132.

167 Vgl. BArchP, Auswärtiges Amt, Nr.57630, Bl.141.

168 Vgl. Masayuki Yamauchi, The Unromantic Exiles: Istanbul to Berlin - Enver Pasha 1919-1920, Tokio 1989, S.21.

169 Vgl. Şevket Süreyya Aydemir, Makedonya'dan ortaasya'ya Enver Paşa. Bd.3, Ankara 1972, S.151ff.

170 Vgl. BArchP, Auswärtiges Amt, Nr.57635, Bl.143.

171 Vgl. PRO, FO 141/480/13679.

172 Vgl. Deutsche Allgemeine Zeitung, Berlin, 9. Mai 1922, Morgen-Ausgabe; Omer Kiazim, Angora et Berlin, Paris 1922, S.105ff.; Revue du Monde Musulman, Paris 54(1923), S.33; L'Asie Française, Paris 39(1939)367, S.50.

173 Liwa-el-Islam, Berlin 1(1921)1, S.1.

174 Vor allem ägyptische Nationalisten, darunter die Deutsche Sektion der Nationalpartei und die Vereinigung "Freier Nil" Ismāʿīl Labībs, sowie die Islamische Gemeinde nutzten diese Möglichkeit.

175 Vgl. at-Taḍāmun aš-šarqī. In: Liwā al-Islām, 1(1921)3, S.24.

176 Orient und Rußland. Ebenda, 1(1921)2, S.6f.

177 Vgl. ebenda, 2(1922)11-12, S.33f.

178 Erwähnt unter anderem in: Nachrichten zur vertraulichen Kenntnis der Mitglieder der (Deutschen) Gesellschaft (für Islamkunde), 1(1921)1, S.5.; Die Welt des Islams, 8(1923)1, S.27; Mitteilungen der Deutsch-Persischen Gesellschaft, Berlin 5(1923)10-12, S.47; La Presse Arabe en 1927, a.a.O., S.13 (irrtümlich wird Iran als Ursprungsland angegeben) und Murūwa, a.a.O., S.425 (wo Liwa-el-Islam nur als arabisches Blatt bezeichnet wird).

179 Vgl. auch zum weiteren Schicksal Saifs Mahrad, a.a.O., S.359ff.

180 BArchP, Auswärtiges Amt, Nr.57630, Bl.117.

181 Āzādī-i šarq, Berlin 1(1921/22)1, S.1.

182 Ebenda, 1(1921/22)2.

183 Vgl. ebenda, 1(1921/22)9, S.2.

184 Vgl. ebenda, 2(1922/23)16, S.1ff.

185 Vgl. ebenda, 2(1922/23)11, S.8.

186 Vgl. ebenda, 1(1921/22)7-8, S.12.

187 Vgl. ebenda, 2(1922/23)12, S.23f.

188 Vgl. ebenda, 2(1922/23)22, S.4.

189 Ebenda, 1(1921/22)2.
190 Ebenda, 3(1923/24)31.
191 Ebenda, 1(1921/22)3.
192 Nachrichten zur vertraulichen Kenntnis der Mitglieder der (Deutschen) Gesellschaft (für Islamkunde), 1(1921)1, S.6.
193 Mitteilungen der Deutsch-Persischen Gesellschaft, 5(1923)10-12, S.47.
194 Die Welt des Islams, 8(1923)1, S.27.
195 BArchP, Auswärtiges Amt, Nr.57635, Bl.82.
196 Ebenda, Bl.143.
197 Ebenda, Nr.57630, Bl.140.
198 Ebenda, Bl.93.
199 Ebenda, Bl.105.
200 Ebenda, Bl.94.
201 Ebenda, Bl.117.
202 Ebenda, Bl.141.
203 Vgl. PRO, FO 141/480/13679.
204 Vgl. ebenda, FO 371/9037.
205 Vgl. ebenda, FO 371/7807, und IOR, L/PS/10/1017, P 5122/1921.
206 Vgl. PRO, FO 371/7502.
207 Ebenda, FO 141/480/13679.
208 Ebenda, FO 371/7558. Vgl. auch FO 141/794/16311.
209 Ebenda, FO 371/7807.
210 Anlaß war eine Artikelfolge, die der Ägypter ᶜIṣām ad-Dīn Ḥifnī Nāṣif über die "Verbrechen der Engländer in Ägypten" veröffentlicht hatte. Vgl. Āzādī-i šarq, 2(1922/23)17-18, S.9f.; 2(1922/23)20-21, S.7f. und 2(1922/23)24, S.5f.
211 Ebenda, 2(1922/23)20-21 (Beilage).
212 PRO, FO 371/7807.
213 Der Verlag "Kaviani" war während des ersten Weltkrieges mit deutscher Unterstützung gegründet worden und gab zunächst das persische Blatt "Kāvah" heraus, dessen Redakteur der Iraner Ḥasan Taqīzādeh war. Nach dem Krieg wurde er in eine GmbH verwandelt, an der auch Deutsche beteiligt waren. Vgl. PRO, FO 371/7807.
214 Vgl. ebenda, FO 371/10126.
215 Vgl. Mahrad, a.a.O., S.362.
216 Das verlief - soweit es zu rekonstruieren ist, etwa folgendermaßen: Am 15. Juni 1923 gab Saif mit "Ṣanāyiᶜ-i almān wa šarq. Die Deutsche Industrie und der Osten" ein in Deutsch, Arabisch und Persisch erscheinendes Blatt heraus, das nahezu ausschließlich der Vermittlung wirtschaftlicher Beziehungen zwischen seinem Gastland und dem islamischen Orient verpflichtet war. Es erschien in sieben Jahrgängen bis Mai 1927. Die Adresse der Redaktion war dieselbe wie die von "Āzādī-i šarq". Gedruckt wurde die Zeitschrift in der Druckerei "Machrequi" im selben Gebäude, also nicht mehr im umstrittenen Verlag "Kaviani". Im November 1924 gab Saif den nur in drei Nummern bis Dezember erscheinenden "Illustrierten Orient-Kurier" heraus. Das geschah offenbar aus dem einzigen Grunde, um bei dieser Gelegenheit mit dem Verlag "Die deutsche Industrie und der Osten" eine "unbelastete" Herstellungsstätte zu schaffen. Seit spätestens 1925 wurde auch "Āzādī-i šarq" dort gedruckt, die sich von 1928 an "Organ für die wirtschaftlichen Interessen des Morgenlandes im Abendlande" nannte.

Die Motive für diesen Wandel hatte Saif in 6(1926)61 von "Ṣanāyiᶜ-i almān wa šarq" deutlich gemacht. In einem "Offenen Brief an unsere Leser und Inserenten" räumte er ein, "daß wir als rein politisches Kampfblatt die von uns verfolgten Ziele nicht erreichen können. Heute stellen wir daher das Wirtschaftliche in den Vordergrund. Die Vorbereitung der Befreiung des Orients", vermutete er, "wird auf diesem Wege zwar nicht so schnell, aber desto sicherer erreicht werden". "Ṣanāyiᶜ-i almān wa šarq" wurde, da "Āzādī-i šarq" nun ihre Aufgabe übernommen hatte, im Oktober 1927 von "ᶜIlm wa Hunar. Die Deutsche Industrie und der Orient" abgelöst, die bis Dezember 1928 nachgewiesen ist und in Leipzig gedruckt wurde.

217 BArchP, Auswärtiges Amt, Nr.57632, Bl.41.

218 Ebenda, Bl.38.

219 Ebenda, Bl.44.

220 Ebenda, Bl.62.

221 Ebenda, Bl.137.

222 Georg Kampffmeyer, Islam. In: Zwischen Kaukasus und Sinai. Jahrbuch des Bundes der Asienkämpfer. Bd.4, Berlin 1923, S.40ff.

223 Vgl. The Crescent, Berlin 1(1923/24)3, S.5.

224 Vgl. ebenda, 1(1924)4-6, S.1.

225 Vgl. ebenda, 1(1923)2, S.7 und 1(1924)4-6, S.5f.

226 Vgl. Kampffmeyer, a.a.O., S.42.

227 Mitteilungen der Deutsch-Persischen Gesellschaft, 5(1923)10-12, S.47.

228 The Crescent, 1(1923/24)3, S.6.

229 Stimmen des Orients, 1(1924)11-12, S.322.

230 Vgl. Mitteilungen des Bundes der Asienkämpfer, 6(1924)7, S.84 und ebenda, 6(1924)12, S.151.

231 Vgl. The Muslim Standard, Berlin 1(1924)1, S.6.

232 Vgl. ebenda, S.1f.

233 Vgl. Mitteilungen des Bundes der Asienkämpfer, 7(1925)4, S.44f.

234 Vgl. The Muslim Standard, 1(1924)1, S.4f. und 7. Im Dezember 1924 sprach Wali Khan im Auswärtigen Amt vor und bewarb sich um eine Zusammenarbeit mit der "Liga für Völkerbund". Er wolle seinerseits "die deutsche Stellungnahme zu den in Rede stehenden Fragen in seinem Blatte wiederbringen" und sich namentlich für die Aufnahme Deutschlands in den Völkerbund einsetzen, damit die Asiaten dort "einen Führer bekämen gegen England und Frankreich". Er betonte zwar, dies "mit eigenem Gelde" bewältigen zu wollen, doch die Situation von "The Muslim Standard" legt die Vermutung nahe, daß sein Wunsch nach "deutsche(r) Hilfe" auch eine finanzielle für das Blatt einschloß, die offenbar nicht gewährt wurde. Vgl. BArchP, Auswärtiges Amt, Film 17522, Bl.316601f. Im April 1939 brachte sich Wali Khan von Kairo aus durch ein auf dem Kopfbogen von "The Crescent" verfaßtes Glückwunschschreiben an Hitler in Erinnerung, dem er für die Annexion Böhmens und Mährens und namentlich des "jüdisch-bolschewistischen Zentrums Prag" dankte und seine Dienste anbot. Vgl. BArchP, Auswärtiges Amt, Film 57341.

235 Die betreffende Druckerei "Sonne" befand sich in demselben Gebäude wie die Redaktion Saifs.

236 Revue du Monde Musulman, 62(1925), S.159.

237 Die Welt des Islams, 8(1925)2-4, S.175.

238 Zur Entstehungsgeschichte, die sich von Mai bis November 1922 hinzog, sowie zu ihrer weiteren Entwicklung vgl. Landesarchiv Berlin (LArchB), Rep.42, Amtsgericht Charlottenburg, Islamische Gemeinde.

239 Islam, Berlin 1(1922)1, S.2ff.

240 Mohammed als Vorbild. Ebenda, 1(1923)2, S.10.

241 Vgl. ebenda, S.12.

242 Nachrichten zur vertraulichen Kenntnis der Mitglieder der (Deutschen) Gesellschaft (für Islamkunde), 1(1922)5, S.39.

243 Mitteilungen des Bundes der Asienkämpfer, 4(1922)12, S.8.

244 Neue Allgemeine Missions-Zeitschrift, Gütersloh 1(1924)7, S.223. Vgl. auch Herrnhut, Herrnhut 57(1924), S.126.

245 Stimmen des Orients, 1(1924)11-12, S.307.

246 Mohammed Abdul Jabbar Kheiri, Indien und seine Arbeiterschaft. Ihre Entstehung und Bewegung. Erster Teil: Indien und die Entstehung seiner Arbeiterschaft. Diss., Berlin 1927, S.39.

247 Erwähnt bei Zwemer, a.a.O., S.145.

248 Über die Beziehungen der Ahmadia zur deutschen Öffentlichkeit sowie zu anderen islamischen und orientalischen Organisationen Berlins vgl. Gerhard Höpp, Zwischen Moschee und Demonstration. Muslime in Berlin, 1922-1930. In: Moslemische Revue, 10(1990)3 und 4, S.135-46 und 230-38 und ebenda, 11(1991)1, S.13-19.

249 Moslemische Revue, Berlin 2(1925)3-4, S.61.

250 Ebenda, 2(1925)2, S.4.

251 Ebenda.

252 Mitteilungen des Bundes der Asienkämpfer, 7(1925)4, S.43f.

253 Eine neue muhammedanische Zeitschrift. In: Neues Sächsisches Kirchenblatt, Leipzig 38(1931)14, S.216.

254 Mitteilungen des Bundes der Asienkämpfer, 7(1925)4, S.43.

255 Ebenda.

256 Islam und Zionismus. In: Moslemische Revue, 1(1924)2, S.100f.

257 Vgl. Mansur Rifat, Vollständiger Zusammenbruch der Ahmadia Sekte, Berlin 1924, S.4f.

258 Vgl. Kampffmeyer, a.a.O., S.38.

259 Der von Sadr-ud-Din gegen Kampffmeyer angestrengte Prozeß wegen Verleumdung endete damit, daß letzterer seine Behauptung zurücknehmen und zugestehen mußte, sie "nicht aus eigener Wissenschaft" geäußert zu haben. Vgl. Moslemische Revue, 1(1924)3, S.117.

260 Ebenda, S.113.

261 Sadr-ud-Din, Der islamische Mensch, Berlin o.J., S.23ff.

262 Moslemische Revue, 2(1925)3-4, S.57ff. Zur Kritik an der italienischen Kolonialpolitik in Libyen vgl. ebenda, 7(1931)4, S.101ff.

263 Die Türken und das Kalifat. Ebenda, 1(1924)1, S.36ff.

264 Der Ausweg in der Kalifat-Frage. Ebenda, 1(1924)2, S.101.

265 Ebenda, 10(1934)2-3, S.45.

266 Ein Moslem ueber das neue Deutschland. Ebenda, 14(1938)2, S.59f.

267 Seit 1986 wird in Berlin und Soest eine Zeitschrift desselben Namens als Organ des Islam-Archiv-Deutschland herausgegeben.

268 BArchP, Reichskommissar für Überwachung der öffentlichen Ordnung, Nr.67116, Bl.25.

269 Unter den relativ wenigen gezeichneten Beiträgen befinden sich solche des Ägypters Abu'l-Ġīṭ. Vgl. den von Kampffmeyer erstellten Index des ersten Jahrgangs des "Islam-Echo" in: Nachrichten aus der Gegenwartsgeschichte des islamischen Orients, Berlin (1927)5, S.65-75.

270 Vgl. BArchP, Auswärtiges Amt, Film 17240, Bl. KO17025ff.

271 Nachrichten (zur vertraulichen Kenntnis der Mitglieder der Deutschen Gesellschaft für Islamkunde), 3(1927)1, S.2.

272 Vgl. ebenda, S.3.

273 Vgl. ebenda, 3(1927), S.1-16; 28-33; 42-47 und 53ff.

274 Vgl. Der Vormarsch, Berlin 2(1928)1, S.23ff., wo Beiträge Šalabīs und Kamāl ad-Dīn Ǧalāls abgedruckt wurden.

275 Der Theologe Witte würdigte vor allem Šalabīs "Drängen auf Treue gegen die eigene Religion". Vgl. Zeitschrift für Missionskunde und Religionswissenschaft, Berlin 44(1929), S.128.

276 Vgl. BArchP, Reichskommissar für Überwachung der öffentlichen Ordnung, Nr.67116, Bl.28f.

277 Vgl. BArchP, Auswärtiges Amt, Film 16014, Bl.LO58325ff.

278 Vgl. BArchP, Reichskommissar für Überwachung der öffentlichen Ordnung, Nr.67116, Bl.2ff.

279 Ebenda, Bl.28.

280 Ebenda, Bl.31.

281 Vgl. BArchP, Auswärtiges Amt, Film 16014, Bl.LO58362.

282 Vgl. BArchP, Reichskommissar für Überwachung der öffentlichen Ordnung, Nr.67116, Bl.34.

283 BArchP, Auswärtiges Amt, Film 17531, Bl.L325614f.

284 BArchP, Reichskommissar für Überwachung der öffentlichen Ordnung, Nr.67116, Bl.36.

285 Ebenda, Bl.40. Dieserart informierte das Auswärtige Amt auch die spanische Botschaft im November 1927. Vgl. BArchP, Auswärtiges Amt, Film 16014, Bl.LO58397f.

286 BArchP, Reichskommissar für Überwachung der öffentlichen Ordnung, Nr.67116, Bl.41.

287 Vgl. ebenda, Bl.43.

288 Ebenda.

289 Ebenda, Bl.45.

290 Vgl. Gerhard Höpp, Die arabischen Nationalrevolutionäre in Berlin und die Liga. In: Hans Piazza (Hrsg.), Die Liga gegen Imperialismus und für nationale Unabhängigkeit 1927-1937, Leipzig 1987, S.105-12.

291 Vgl. Bundesarchiv, Abteilungen Merseburg, Ministerium für Wissenschaft, Kunst und Volksbildung, Rep.16 Va Sekt.1 Tit.12, Bl.312ff.

292 Von deutschen Behörden wurde das nicht bemerkt. Vgl. BArchP, Reichskommissar für Überwachung der öffentlichen Ordnung, Nr.67116, Bl.36, wo von "bester Freundschaft" zwischen Kheiri und Šalabī die Rede ist.

293 Vgl. BArchP, Auswärtiges Amt, Film 14882, Bl.325888.

294 In deutschen Quellen findet sich die Behauptung, das "Islam-Echo" sei Organ der "Islamia". Vgl. BArchP, Reichskommissar für Überwachung der öffentlichen Ordnung, Nr.67116, Bl.39. Zu den bemerkenswertesten Beiträgen in dem Blatt gehört der Bericht über eine Rede Ḥamdī al-Ḥusainīs, die dieser im Januar 1929 in Berlin hielt. Vgl. Der Islamische Student, Berlin 3(1929)1, S.6f.

295 Vgl. Islam-Echo, Berlin 1(1927)8.

296 Obwohl wegen der Sprachschranke offenbar im Ausland nicht weit verbreitet, sah sich der britische Vertreter in Addis Abeba im Februar 1928 veranlaßt, ein Exemplar des Blattes wegen eines "antibritischen Artikels" nach London zu senden. Vgl. PRO, FO 371/13106.

297 Vgl. Die Islamische Gegenwart, Berlin 2(1928)2-3, S.13ff.

298 Vgl. ebenda, S.7ff.

299 Vgl. ebenda, S.10ff.

300 Vgl. ebenda, S.16ff.

301 Vgl. ebenda, 3(1929)2-4, S.44ff.

302 Vgl. BArchP, Auswärtiges Amt, Film 17529, Bl.L323256ff.

303 Brandenburgisches Landeshauptarchiv, Potsdam (BrLHArchP), Pr.Br.Rep.30 Bln C Tit.90, Nr.7502, Bl.1.

304 Vgl. BArchP, Auswärtiges Amt, Film 17529, Bl.L323586ff.

305 Šalabī schrieb danach u.a. in Blättern der extremen Rechten. Vgl. sein "Palästina unter Juden und Arabern" in: Ludendorff's Volkswarte, München 3(1931)14, S.2f.

306 Vgl. Philip S.Khoury, Syria and the French Mandate, Princeton 1987, S.401.

307 Es war beabsichtigt, das "Islam-Echo" als Organ des 1939 neugegründeten "Islam-Instituts" in Berlin wiedererstehen zu lassen; daraus wurde jedoch nichts. Vgl. BrLHArchP, Pr.Br.Rep.30 Bln.30 Tit.148, Nr.2314, Bl.6.

BIBLIOGRAPHIE *

erarbeitet von Irmgard Dietrich

Verzeichnis der Bibliotheken

Nach: Staatsbibliothek zu Berlin, Preußischer Kulturbesitz, Deutsches Bibliotheksinstitut, Siglenverzeichnis, Stand: 1992

1 Staatsbibliothek zu Berlin - Preußischer Kulturbesitz [Haus 1]
10117 Berlin, Unter den Linden 8

1a Staatsbibliothek zu Berlin - Preußischer Kulturbesitz [Haus 2]
10785 Berlin, Potsdamer Str. 33

11 Humboldt-Universität zu Berlin, Universitätsbibliothek
10117 Berlin, Clara-Zetkin-Str. 27

101 Die Deutsche Bibliothek - Deutsche Bücherei Leipzig
04103 Leipzig, Deutscher Platz 1

---

* Diese Bibliographie erfaßt nur Bestände Berliner Bibliotheken sowie der Deutschen Bücherei Leipzig; weitere Bestandshinweise finden sich u.a. bei Ingeborg Bloss/Marianne Schmidt-Dumont, Zeitschriftenverzeichnis Moderner Orient, Hamburg 1980 und im Zeitschriftenverzeichnis Orient, Tübingen 1991

al-Ǧihād

Ǧarīda usbūʿīya tahdim al-muslimīn allaḏīna qātalū maʿa aʿdā'ihim ǧabran ḍidda muḥibbīhim al-almān

El Dschihad

Zeitung für die muhammedanischen Kriegsgefangenen

Herausgeber:

Verantw. Redakteur bzw. Schriftleiter:

Redaktion:

Verlag:

Druckerei: Photolitographie der Reichsdruckerei

Erscheinungsweise: wöchentlich, halbmonatlich, monatlich (unregelmäßig)

Bezugspreis:

Sprache: arabisch, russisch, turkotatarisch

Umfang: 2 bis 4 Seiten pro Nummer

Illustriert: ja

Standort, Signatur, Bestand:

1: **Krieg 1914-26989/1**
Bestand verschollen

101: **ZC 4900** (arabische Ausgabe, gebunden in 1 Band)
ZC 4898 (turkotatarische Ausgabe, gebunden in 1 Band)
ZC 4899 (russische Ausgabe, gebunden in 1 Band)

arabische Ausgabe:

1,1915,1, 3-25; *2*,1916,26-48; *3*,1917,49-69/70; *4*,1918,71/72-79/80, 82/83
Lücken: *1*,1915,2; *4*,1918,81, 84-91 (?)

الجنة تحت ظلال السيوف — وقاتلوهم حتى لا تكون فتنة

وقاتلوا — الجهاد — في سبيل الله

اتقوا الله وكونوا مع الصادقين — ان تنصروا الله ينصركم

برلين يوم ٤ نوفمبر سنة ١٩١٥ — جريدة اسبوعية تحملها للمسلمين الاسرى في المانيا — عدد -٢١-

Berlin den 4. November 1915 — EL DSCHIHAD — Nr. 21

Zeitung für die muhammedanischen Kriegsgefangenen — Arabische Ausgabe

فرنسا وذهب المراكشيين

لم تكتف فرنسا بسوق سكان
شمال افريقية من اهل تونس
والجزائر ومراكش الى ساحات
الحرب ليكونوا طعاما لنيران
المدافع وليدافعوا عن فرنسا
التي اذاقتهم العذاب الوانا
لم يكفها كل ذلك بل قد بلغ
من اجحافها بهم ان كلفتهم
مرة بان يمونوها بما لديهم
من المال .

احتد طمعها الى ان قصد
بعض اهل مراكش من الذهب فاخذت
اليوم تطالبهم وتلح عليهم ان يؤدوا
لها هذا الذهب عن يد وهم صاغرون
. اعلن نائب الحكومة الفرنسوية في
مراكش اعلانا عاما مضمونه ما ياتي
:: " قد تأكد نائب الحكومة الفرنسوية
في مراكش انه يوجد في البلاد المراكشية
مقدار عظيم من النقود الذهبية التي جلبتها
عساكر الرديف معها من فرنسا
وان جزءا من هذه النقود قد صرف
وجزء صاغه العرب واليهود حليا
للنساء فكان ذلك سببا لضياعه

الى الابد بصفته نقدا .
ومن حيث ان حاجيات الامم المحاربة
تتطلب نقودا ذهبية للمبادلة فالنائب
عن الحكومة الفرنسوية في مراكش يرجو
من جميع السكان الوطنيين سواء كانوا
من العساكر او غيرهم ان يحضروا ما لديهم
من الذهب الى الخزينة فالعساكر يحضرون
ذلك الذهب الى خزينة الجيش وغير
العساكر يحضرونه الى الخزينة الملكية
فيبدلون الذهب باوراق مالية
. بنك نوت . او وصلات تعطى لهم
من محلات . الدفاع الوطني .
فاذا حصلت الحكومة الفرنسوية على
غايتها المقصودة من الحصول على الذهب

نال كل شخص من جملة الاشخاص الذين وردوا
الى الخزينة شيئا من الذهب مكافأة
عظيمة وهي . شهادة شرف
من الورق . الكاغد . عليها
رسم صورة عظيمة . "
كانت نتيجة هذا المنشور
قليلة جدا فان الذهب الذي
ورده المراكشيون لم يبلغ مائة
الف فرنك مع ان المراكشيين
لا يزال عندهم كمية عظيمة
من العملة الذهبية التي جلبها
في شهر سبتمبر من السنة الماضية
عساكر الرديف من فرنسا
الى مراكش

وقد اوضحت جريدة فرنسويه مقدار
ما عند المراكشيين من الذهب حيث كتبت ::
" ان مقدار ميل اهل مراكش للذهب
وحبهم له حبا عظيما يدركه ادنى متأمل
ومع كون البلاد لا تنتج ذهبا فان سكانها
يمتلكون منه بمقدار عظيم وانه يندر
جدا ان يوجد بين المراكشيين المعروفين
بمعيشة القناعة والرضاء من الحياة
بالقليل شخص ليس لديه من النقود
الذهبية التي قيمة الواحد منها ٢٠ فرنكا
. اللويدور . عدد غير قليل يحافظ عليها

الاستاذ الفاضل الشيخ صالح الشريف التونسي عمدة الحكومة
العثمانية وخادم الانسانية الحقة والعامل المخلص الشرقي من اعدائه

Ǧarīdat al-isāra matā^{c} Halbmondlager
Lagerzeitung des Halbmondlagers Wünsdorf

Herausgeber:

Verantw. Redakteur bzw. Schriftleiter: [Poppen]

Redaktion:

Verlag:

Druckerei:

Erscheinungsweise: unregelmäßig

Bezugspreis:

Sprache: arabisch

Umfang: 2 bis 4 Seiten pro Nummer

Illustriert: ja

Standort, Signatur, Bestand:

1a: **4° Krieg 1914-23486** (gebunden in 1 Band)
1916/17,1-10

101: **ZB 12584** (gebunden in 1 Band)
1916/17, 3, 5, 8
Lücken: 1916/17,1, 2, 4, 6, 7, 9, 10

N°1. LAGERZEITUNG · DES · HALBMONDLAGERS · WÜNSDORF · 10.XII.16.

بسم الله الرحمن الرحيم

نخبركم يا اخواني جا الجرنال الصغير في كل جمعة مرة واحدة
كيف هذا يكون فيه كل شيء الخبر اجات والاخبار
الحرب والاخبار تخص الكامب في الاول تاخذ كل
مسلمين ثلاثة جرنال كيف نشوفوا هذا
الجرنال يعجب الناس ويحبوا فيه اوه نجيبوا فيه اكثر
ان شاء الله تعالى

اخبار الكامب

من الجمعة الجاية تكون بعد الظهر خطبات
تسلي بال الاسارى يتعلموا بها اشياء [illegible]
ويسمعوا الكلام في الطيارات والمراكب الحربية
وفي مدن شمال افريقية وبلاد الترك ومصر وحكايات
وغير ذلك وفي بعض الخطبات يشوفوا [illegible]
ملصقة بالزاوية ووقت الخطبات يكون مكتوب
على تبركات الزهو

الزهو

الزهو يكون في بركة الزهو في كل جمعة ثلاثة مرات
من الساعة الستة الى الساعة العشرة في الليل //

ماشي مرة بسكيري وكل رجل يحب يحضر رهوية كلم
مع مسيو لحمان باش [illegible] وما حب الزهو في ...
الرجال الذي يعاونوا من الفيليبي والشاكر [illegible] وغيرهم
[illegible] المشربات ويسلبوا الالات والحوايج متاع //
القرقوز بلاش

خرافة

واحد راجل كان فيه دار صغيرة في مكان [illegible]
[illegible] فقال الوالد في اركو [illegible] فقال لهم [illegible]
[illegible] لو كان نخلي نعمرها بالاحباب

والله لا يهدي كيد الخائنين

كما هو معلوم اتفقت رومانيا مع بلاد النمسا
والمجر في اواخر [illegible] ونقضت العهد القديم الذي
كان بينها وبين المانيا والنمسا زمان طويل كما
خانته ايطاليا قبلها

وعلى خاطر هذا العمل الشين تحاربت المانيا
مع رومانيا [illegible] هذا اليوم واتفقت الترك
والبلغار مع رومانيا بعد ايام فكان [illegible]

Die Islamische Welt

Illustrierte Monatsschrift für Politik, Wirtschaft und Kultur

Herausgeber: Abdul Aziz Schauisch und Abdul Malik Hamsa

Verantw. Redakteur bzw. Schriftleiter: Rudolf Rotheit

Redaktion:

Berlin-Wilmersdorf (W 15), Konstanzer Str. 5 (*1*,1916/17,1-10 und *2*,1918,1-6/7) bzw. Konstanzer Str. 10 (*1*,1916/17,11 und 12)

Verlag:

Druckerei:

Paß & Garleb G.m.b.H.
Berlin W 57, Bülowstr. 66 (*1*,1916/17-*2*,1918,5)

Reichsdruckerei Berlin (*2*,1918,6/7)

Erscheinungsweise: monatlich

Bezugspreis: 1,- bzw. 2,- Mark pro Nummer
3,- Mark vierteljährlich
5,- Mark halbjährlich
9,- Mark jährlich

Sprache: deutsch, teilweise türkisch (*2*,1918,6/7)

Umfang: 60 bis 64 Seiten pro Nummer

Illustriert: ja

Standort, Signatur, Bestand:

1a: **4° Um 2376/5** (gebunden in 2 Bänden)
1,1916/17,1-12; *2*,1918,1-6/7

101: **ZC 4030** (gebunden in 2 Bänden)
1,1916/17,1-12; *2*,1918,1-6/7

Die Islamische Welt

Illustrierte Monatsschrift für Politik, Wirtschaft und Kultur

Herausgeber

Scheich Abdul Aziz Schauisch und Abdul Malik Hamsa Bey

Schriftleitung: Berlin W. 15 Konstanzerstr. 5

Fernsprecher: Amt Pfalzburg 2513 — Telegramm-Adresse Islamwelt

Nummer 6 · Preis des Einzelheftes 1 M., jährlich 9 M., halbjährlich 5 M., vierteljährlich 3 M. · Mai 1917

Barīd aš-šarq

Maǧalla niṣf šahrīya tuṣdar fī Berlin

Barîd al-Schark

Arabische illustrierte Halbmonatsschrift

Herausgeber: [Reichsministerium für Volksaufklärung und Propaganda]

Verantw. Redakteur bzw. Schriftleiter: [Kamāl ad-Dīn Ǧalāl]

Redaktion: Berlin W 56, Postfach 21

Verlag:

Druckerei: [Lithographie der Orientpost]

Erscheinungsweise: halbmonatlich

Bezugspreis: 50 Centimes pro Nummer

Sprache: arabisch

Umfang: 8 bis 38 Seiten pro Nummer

Illustriert: ja

Standort, Signatur, Bestand:

1a: **4° Stabi 670** (gebunden in 1 Band)
3,1941,31-32,34-37; *4*,1942,38-45; *5*,1943,46-51; *6*,1944, 52-53
Lücken: *1*,1939 (?); *2*,1940 (?); *3*,1941,25-30 (?), 33

101: **ZB 47105** (gebunden in 1 Band)
1,1939-*3*,1941,2,3,5,6,8,9,11,13-15,17,19,21,23-28
Lücken: *1*,1939-*3*,1941,1,4,7,10,12,16,18,20,22; ab 29; *4*,1942-*6*,1944

بريد الشرق
مجلة نصف شهرية تصدر في برلين

Al Magreb al'arabi
Der arabische Westen
al-Maġrib al-ʿarabī
Ǧarīda siyāsīya iǧtimāʿīya usbūʿīya

Herausgeber:

Verantw. Redakteur bzw. Schriftleiter: Y. Ruissi (Yūsuf ar-Ruwaisī)

Redaktion: Berlin-Zehlendorf-West, Goethestr. 27

Verlag:

Druckerei:

Erscheinungsweise: wöchentlich (geplant)

Bezugspreis: 20 Pfg. pro Nummer

Sprache: deutsch, arabisch

Umfang: 4 Seiten

Illustriert: nein

Standort, Signatur, Bestand:

101: **ZC 9282** (gebunden)
1945,1

العدد الاول.
ثمن العدد الواحد
٢٠ فنيك

المغرب العربى

جريدة سياسية اجتماعية أسبوعية

مدير الجريدة ورئيس تحريرها المسئول:
يوسف الرويسى

يوم الاثنين ١٣ ربيع الاول ١٣٦٤ الموافق ٢٦ فبراير ١٩٤٥

الادارة:
Berlin-Zehlendorf-West, Goethestr. 27
Telefon: 85 58 01

المغرب العربى أمام مطامع استعمارية جديدة

بقلم مدير الجريدة

تمتد مساحة المغرب العربى من المحيط الأطلسى الى البحر الأحمر فتشمل الاقطار العربية الخمسة مصر وطرابلس وتونس والجزائر ومراكش. أما فى الاصطلاح الحديث فقد غلب اطلاق كلمة افريقيا الشمالية أو المغرب العربى على ما عدا مصر من هذه الاقطار العربية باعتبار مصر داخلة فى منطقة الشرق العربى.

وقد عُرفت افريقيا الشمالية باعتدال مناخها وجودة تربتها ووفرة معادنها، وتوجد بها مراكز بحرية حربية وتجارية ممتازة تسيطر على الحوض الغربى من البحر الابيض المتوسط، لذلك فهى منذ القدم محل المنافسات ومثار الحروب وهدفاً

وكان همّ المستعمر بهذه البلاد هو العمل على انقراض الشعب المغربى تدريجياً لتحل محله مجموعة مشوهة من اليهود وخليط من الاجناس. وللوصول الى هذه الغاية جُرِّد المغاربة من اراضيهم التى اغدق بها المعمرين، واستولت الشركات الاجنبية على موارد الثروة والمعادن. واستولى اليهود على جميع اقتصاديات البلاد فقضى على الصناعة الوطنية وتفشى الربا الفاحش بين الناس، واستلم الاجانب جميع مناطق النفوذ، فعمّ الظلم وأصبحت الرشوة أمراً معروفاً متداولاً، وأرهق الشعب بأثقل الضرائب ومختلف الاتاوات، فساد الجهل وعمّ الفقر وانتشرت الامراض وصارت المجاعة تفتك بالطبقة الضعيفة

والنفى والتغريب مصير زعماء الاحزاب الوطنية وأتباعها.

وبالجملة فقد عاش الشعب المغربى فى ظل الديمقراطية تحت رحمة النظام البيروقراطى الظالم والرأسمالية اليهودية.

وقد كان من نتائج زوال الحكم الوطنى من المغرب وابعاد المغاربة عن مناطق النفوذ فى ادارة شئون بلادهم وجعلها بيد المستعمرين والمتجنسين من اليهود، وقوع حادثة نفامبر ١٩٤٢ فى تنفيذ المؤامرة الفرنسية اليهودية على تسليم البلاد الى الانقليز والامريكان.

لقد اصبح المغرب العربى بسبب احتلال الحلفاء

مختلفة. فالانقليز يعملون على ضمّ طرابلس وبرقة الى الممتلكات البريطانية وبسط الحماية الانقليزية على تونس مكان الحماية الفرنسية، والامريكان حريصون على الاستئثار بخيرات المغرب الاقصى واتخاذه منطقة نفوذ لهم. أما الجزائر فقد تُرك أمر ادارتها موقتاً بيد الفرنسيين أو بالأحرى بيد الشيوعيين الى ان تنفض الحرب ويُبت فى شأنها، لكن هذه التقسيمات يظهر أنها لا ترضي رغائب ستالين ومطامعه الواسعة، فهو لا يكتفى بمثل هذه الترضية القليلة وانما يريد ان يجعل من شمال افريقيا قوة حمراء تسيطر على البحر الابيض المتوسط وتشكل خطراً دائماً على العالم. لذلك

Miṣr

Herausgeber: Muḥammad Muḫtār Barakāt

Verantw. Redakteur bzw. Schriftleiter:

Redaktion:

Verlag:

Druckerei:

Erscheinungsweise:

Bezugspreis:

Sprache: arabisch

Umfang:

Illustriert:

Standort, Signatur, Bestand:

1920,1

Aegyptische Korrespondenz

Organ der ägyptischen Nationalpartei in Deutschland

Herausgeber:

Verantw. Redakteur bzw. Schriftleiter:

[Abdul-Aziz Schauisch]
[Abdel-Ghaffar Metwalli]
Ibrahim I. Youssef (*3*,1923,8/9-10/11)
Abd El Hadi Galal (*3*,1923,12 und *4*,1924,1/2)
Taha El-Aguizy (*4*,1924,13)

Redaktion:

Berlin W 15, Lietzenburger Str. 32 (*1*,1921/22,1-18)
Berlin W 30 (ab *2*,1922,7: W 62), Kalckreuthstr. 11 (*1*,1921,19/20-*3*,1923,6/7)
Berlin W 62, Bayreuther Str. 12 (*3*,1923,8/9-10/11)
Berlin W 50, Nürnberger Str. 35-36 (*3*,1923,12-*4*,1924,1/2)
Berlin-Charlottenburg, Fritschestr. 52 (*4*,1924,13)

Verlag:

Druckerei:

Richard Lantzsch
Berlin S 14, Wallstr. 55 (*1*,1921/22,1-23/24)

Buchdruckerei "Silesia" (*3*,1923,12: Buchdruckerei "Silesia" A.Kleiber)
Berlin NO 55, Marienburger Str. 28 (*2*,1922,11 und *3*,1923)

N. v. Schwabe
Berlin-Charlottenburg 4, Fritschestr. 44 (*4*,1924,13)

Erscheinungsweise: halbmonatlich (*1*,1921/22,1-*2*,1922,3/4), monatlich (*2*,1922,5/6-*4*,1924,13)

Bezugspreis: unentgeltlich

Sprache: deutsch

Umfang: 8 bis 32 Seiten pro Nummer

Illustriert: ja

Standort, Signatur, Bestand:

1a: **Ur 9420/10** (gebunden in 2 Bänden)
1,1921/22,1-23/24; *2*,1922,1/2-12; *3*,1923,1-12; *4*,1924,1/2 und 13
Lücken: *1*,1921,4 und 8, *4*,1924,3-12 (?)

11: **Gesch. 25495** (gebunden; Mikrofiches **Mi 359**)
1,1921/22,1-23/24; *2*,1922,1/2-12; *3*,1923,1-12
Lücken: *4*,1924

101: **ZB 10293**
Kriegsverlust

Aegyptische Korrespondenz

Organ der ägyptischen Nationalpartei in Deutschland

Erscheint halbmonatlich

Redaktion: Berlin W 30, Kalckreuthstraße 11

2. Jahrgang 1./30. April 1922 Heft 1/2

Mustapha Kamil Pascha

ad-Difāᶜ al-waṭanī al-miṣrī

Herausgeber: [Yaḥyā Aḥmad ad-Dardīrī]

Verantw. Redakteur bzw. Schriftleiter: [Yaḥyā Aḥmad ad-Dardīrī]

Redaktion: Berlin-Charlottenburg 2, Postfach 39

Verlag:

Druckerei:

Druckerei "Kaviani"
Berlin-Charlottenburg 4

Erscheinungsweise: monatlich

Bezugspreis: kostenlos

Sprache: arabisch

Umfang: 16 bis 20 Seiten pro Nummer

Illustriert: nein

Standort, Signatur, Bestand:

1a: **Ur 9421/11** (gebunden in 1 Band)
1,1923,1-2

الله و الوطن و الفضيلة (شعار الدفاع)

جميع الرسائل تكون بعنوان :
Postfach 39
Berlin-
Charlottenburg 2

لا ترد الرسائل لاصحابها نشرت او لم تنشر

الدفاع الوطنى المصرى

العدد الثانى

يوزع بلا ثمن (مجانا)

برلين اغسطس سنه ١٩٢٣

فهرست

الحالة السياسية الحاضره فى مصر

مواضع الضعف فى سياسة الاحزاب المصرية الحاضرة

واجب كل مصرى قادر فى هذه الظروف العصيبة التى تجتازها البلاد السهر على مصالح الامة والدفاع عنها و انتقاد الخطط السياسية و تشجيع الصالح منها وتقويم المعوج فيها . وتنوير الشعب فيما يرادبه من السوء

Die ägyptische Flagge

Unabhängiges Blatt. Mit Gott für König und Vaterland!

Herausgeber:

Verantw. Redakteur bzw. Schriftleiter: Mohamed Fadel

Redaktion: Berlin-Charlottenburg 5, Fritschestr. 67

Verlag:

Druckerei: Buch- und Kunstdruckerei "Sonne"
Berlin-Charlottenburg, Weimarer Str. 18

Erscheinungsweise:

Bezugspreis: unentgeltlich

Sprache: deutsch, teilweise arabisch

Umfang: 4 Seiten

Illustriert: ja

Standort, Signatur, Bestand:

1a: **gr. 2° Ur 9426** (gebunden)
1,1925,1

11: **Ac 55372** (gebunden)
1,1925,1
mit Einlageblatt

Unentgeltlich!

Die ägyptische Flagge

Unabhängiges Blatt

Mit Gott für König und Vaterland!

Schriftleitung: Dr. phil. Mohamed Fadel, Charlottenburg, Prinzhestraße 67 المحرر والمدير المسؤل دكتور محمد فاضل عبداله شرلوتنبورج فرنشه شتراسه ٦٧	العلم المصرى جريدة مصرية مستقلة تصدر شهريا فى برلين مبدؤها فى سبيل الله والملك والوطن	Motto: Nicht König, nicht Emir zu sein, ist mein Zweck, sondern der treueste und eifrigste Diener meinem Volke will ich sein. *König Fuad.* شعار: ليس المهم عندى ان اكون اميرا او ملكا فحسب انما جل قصدى ان اكون خدما امينا لوطنى غيورا على شعبى (الملك فؤاد)

Nummer 1 — Berlin, im November 1925 — 1. Jahrgang

König Fuad im Felde der Wissenschaft.

Die Gründung der ägyptischen Universität.

Seit dem Jahre 1906 wurde der Wunsch, die Wissenschaft zu fordern und die kulturellen Fortschritte ins Land zu tragen, in weitesten Kreisen des ägyptischen Volkes immer brennender. Keiner aber verfocht leidenschaftlicher diese Bestrebungen, als Prinz Fuad. Schon seit geraumen Jahren strebte der große nationale Fuhren Mustafa Kamal Pasche und Kasim Amin, der genialste Kopf, den Aegypten vielleicht seit Jahrhunderten hervorgebracht hat – durch seine Verdienste um die ägeptische Frauenbewegung hat er sich den Ehrentitel eines Frauenbefreiers errungen –, nach einer Verbesserung des Hochschulwesens; denn die Entwicklung unserer Universitat hielt in keiner Weise Schritt mit dem Aufschwung des Landes auf jedem anderen Gebiet. Man hatte auch anfanglich die Absicht, aus Staatsmitteln das neue Institut zu schaffen. Keiner von beiden Genannten vermochte aber den langsamen Staatskarren zu lebhafterem Tempo anzutreiben. Die Universitatsfrage war aber dennoch ins Rollen gekommen, die Forderung des Volkes nach Fortschritt und Modernisierung des höheren Studiums nicht mehr zu ubergeben. Was vorhanden war, konnte den Aufgaben des neuen Aegypten unmoglich entsprechen, weder die bestehende staatliche Hochschule noch der Notausweg, daß man die Söhne des Landes an fremde Statten der Wissenschaft schickte, um sie dort fur ihre kunftigen Lebensaufgaben vorzubereiten. Gewiß einst stand am Nil die Wiege der Wissenschaft und Kultur und aus fernen Tagen leuchtet der Glanz der Hohen Schule im alten sagenumrauschten Alexandrien. Aber die Geschichte hatte, wie der Araber sagt, ihre grauen Spinngewebe daruber gezogen. Wie Glut unter der Asche schlummerte das Verlangen nach geistiger Wiedergeburt im Aegyptervolk, aber es fehlte der Mann, aus dieser Glut lebenspendendes Feuer zu entfachen, bis endlich Prinz Fuad kam. Er unternahm es, arabische Wissenschaft, Kunst und Philosophie aus ihrem Dornroschenschlaf zu erwecken und dadurch sein Vaterland auf gleiche Hohe mit der Kultur des Abendlandes zu bringen. Von nun an opferte er seine ganze Zeit lediglich diesem Hochziel. Tausende von Aufrufen wanderten in alle arabischen Lander, um die fernsten Volksstamme für diese großarabische Kulturtat zu begeistern und den Bau einer großen ägyptischen Universität zu ermoglichen.

In kaum 2 Jahren waren 20,000 agyptische Pfund gesammelt, mehrere Philantropen schenkten auf ewige Zeiten der Universität einige hundert Morgen Land, deren Pachterträgnisse dem Stipendienfond des Institutes zugute kommen. Es nahte der feierliche Augenblick, da Prinz Fuad 1908 auf dem Blumenplatz zu Kairo (Midan al azhar) inmitten einer tausendköpfigen Menge, die von hoher Begeisterung getragen war, den ersten Hammerschlag zur

Grundsteinlegung der neuen Universität

vollzog. Im September dieses Jahres wurde die erste sogenannte Deputation nach Europa gesandt, das heißt eine Anzahl junger Studenten wurden auf Kosten der neuen Universität an europaischen Hochschulen herangebildet, um einigen Semestern wieder am heimischen Institut ihre Erfahrungen und Kenntnisse zu verwerten.

الحمد لله رب العالمين الرحمن الرحيم. مالك يوم الدين. اياك نعبد و اياك نستعين. اهدنا الصراط المستقيم. صراط الذين أنعمت عليهم. غير المغضوب عليهم ولا الضالين آمين.

Eröffnung!

Im Namen Gottes, des Barmherzig-Milden!

Gott, sei gepriesen, Herr des Weltenalls,
Barmherzig-Milder, König des Gerichtstags.

Dir dienen wir, zu Dir fleh'n wir um Hilfe,
Oh, führe Du uns auf der rechten Bahn;

Der Bahn derjenigen, die Du begnadet,
Die nicht Dein Zorn trifft, die nicht irregehn.

Drei monate nach Abreise dieser Studiendeputation konnte bereits die fünfte Fakultat ihre Hörsäle den Musensöhnen öffnen, und zugleich wurde die prachtvolle neue Bibliothek mit 20,000 Werken in den Dienst der Wissenschaft gestellt. Auch die Bibliothek war zum größten Teil ein Werk der gigantischen Arbeit des Prinzen Fuad. Wie viele Bücher hat er persönlich gespendet oder auf seinen Werbereisen in arabischen Städten gesammelt.

Bald darauf tagte der internationale Archäologen-Kongreß im klassischen Lande der Altertumsforschung am Nil. Prinz Fuad stellte die Universitätsräume den Gelehrten zur Verfügung. Männer von Weltruf hielten nun dort ihre Vorträge, wahrlich eine Propaganda für eine junge Institut, wie sie großzügiger nicht gedacht werden konnte. Gleichsam über Nacht wurde durch dieses Ereignis die Unversität berühmt. Professoren aus Deutschland, Frankreich und Italien folgten ohne Bedenken einer Berufung auf ihre Lehrstuhle. Im Jahre 1910 ging eine zweite Studiendeputation nach Deutschland, Frankreich und England und diesmal auf Vorstellungen des Prinzen Fuad hin auf Staatskosten. Darunter befanden sich Aegypter im Alter von 8 bis 10 Jahren, auserlesen, humanistische Gymnasien in Frankreich und Italien zu absolvieren. Ihre Aufnahme in diese Lehranstalten war an die Bedingung geknupft, daß Prinz Fuad persönlich unter den Bewerbern die Auswahl getroffen habe. In Betracht kamen fur diese Zöglinge nur deshalb italienische bezw. französische Gymnasien, weil die Regierungen beider Staaten Freiplätze fur sämtliche aus Aegypten gekommenen Zöglinge zur Verfügung stellten.

Inzwischen hatte Aegypten die staatliche Subvention fur die Privathochschule aufs Doppelte erhöht. Einige Monate später unternahm Prinz Fuad seine Propagandareise für die Universität nach Europa. In Berlin Paris, London, Wien, Rom und Budapest wurde er feierlich von den akademischen Behörden empfangen. Ueberall veranstaltete man ihm zu Ehren wissenschaftliche Vorträge und Fuhrungen. Fast jede Universität spendete reiche Schätze aus ihrer Bücherei für die neue ägyptische Bibliothek. Am besten gibt die Ehrentafel in der Aula der Fuad-Universität Kunde vom Erfolg dieser Reise ihres Schöpfers, auf der er wie kaum jemals ein zweiter Fürst vor ihm mit Ehrenabzeichen, Diplomen und Orden geradezu überschüttet wurde.

Nach seiner Rückkehr gründete er auf der Universität

eine Abteilung für studierende Frauen.

Natürlich fand dieser Schritt nicht den Beifall aller, da die Frauenbewegung, besonders in unserm Lande, ausgesprochene Gegner hatte. Es ist sowieso eine allgemeine Erscheinung, daß Bewegungen, die in ihren Anfängen stehen, harte Kämpfe zu bestehen haben gegen die träge Passivität, ja sogar feindliche Einstellung der konservativen Elemente des Volkes. Ein Redakteur machte Fuad darauf aufmerksam mit den Worten: „Diese letzte Tat wird Eurer Hoheit die Kritik vieler Landsleute zuziehen!“ Der Prinz lächelte: „Gewiß, es war ein riskanter Schritt, aber ich wollte den Frauen helfen, und

al-Ḥamāma

Maǧalla ʿilmīya adabīya fannīya muṣawwara

Herausgeber:

Verantw. Redakteur bzw. Schriftleiter: Muḥammad Ṣubḥī Abū Ġanīma

Redaktion: Berlin W 50, Würzburger Str. 22 III

Verlag: Verlag Morgen- und Abendland (nur 1924,2)

Druckerei:

Druckerei Machriqui
Berlin W 50, Eislebener Str. 11 (1923,1)

Kunst- und Buchdruckerei "Kaviani" G.m.b.H.
Berlin-Charlottenburg, Weimarer Str. 18 (1924,2)

Erscheinungsweise: 10 Nummern pro Jahr (geplant)

Bezugspreis: 25 ägyptische Piaster jährlich (Deutschland)
30 ägyptische Piaster jährlich (Ausland)

Sprache: arabisch

Umfang: 32 Seiten pro Nummer

Illustriert: ja

Standort, Signatur, Bestand:

Dār al-kutub al-waṭanīya aẓ-ẓāhirīya (Damaskus)

1923,1

Maǧmaʿ al-luġa al-ʿarabīya (Damaskus)

1924,2

ربيع الثانى ١٣٤٢	العدد الاول	كانون الاول ١٩٢٣

بسم الله الرحمن الرحيم

عندما جلست لكتابة هذه الاسطر كان ساعى البريد يطرق الباب حاملاً الى بعض الرسائل من الاصدقاء والرفاق فى الوطن المحبوب وقد كدت ارجىء نضها الى ان اتم هذه المقالة بيد ان ظنى بوجود ما يساعدنى فيها على تحبير هذه العجالة منعنى عن ذلك ففتحت الاولى وقرأتها وفعلت ذلك فى الثانية وهكذا الى ان اتيت على الجميع ... ولم يخب ظنى فقد كانت فى أبحاثها لا تخرج عن الصدد الذى عمدت فى هذه الاسطر الى التكلم عنه اذ أنها لو اختصرت فى كلمة واحدة لكان مآلها جميعاً بقطع النظر عن اختلاف ما فيها يلخص فى هذا السؤال: ماذا فى اوروبا ؟

سؤال سمعته ولا ازال اسمعه من كثير من الاصدقاء والرفاق فى الوطن، واعتقد ان كثيراً من الشبان الذين هم هنا فى بلاد الغرب يتلقون مثله من اصدقائهم ومعارفهم وهو طلب محق فى نظرى يجب تلبيتهوا لاجابة عنه ولهذا السبب نفسه أنشئت هذه المجلة أيضاً.

اجل ان الوقوف على ما يحدث فى اوروبا — هذه القطعة التى بيدها مقاليد العالم الان — من الامور الغريبة العجيبة لامر يهمنا نحن الشرقيين عامة والعرب خاصة الا ان الواجب الذى اخذت هذه المجلة على عاتقها حمله ليس تبيان الاحوال السياسية والبحث عنها ولا شرح الاضطرابات العالمية وما هى عليه فجرائدنا كافية ووافية بهذا الامر بل ينحصر فى نقل ما يحدث فى هذه البلاد من الاختراعات الفنية والعلمية وتصوير اهم الانقلابات الفكرية والادبية وسيرها. هذا وأنا نعتقد بصعوبة هذا الامر وعجزنا عن القيام به حق القيام وما كنا لنقدم عليه لولا علمنا بأن على المرء ان يسعى وليس عليه ادراك النجاح وان النبت يبدأ صغيراً فينمو الى ان يزهر ويثمر. ذلك فضلاً عن وجود فئة صالحة من الشبان الشرقيين هنا تتلقى علومها فى احضان المدارس العالية وقد خاطبنا كثيراً منهم فى فرنسا وانكلترا وسويسرا وسائر أنحاء ألمانيا فأنتارسائل التشجيع

Liwa-el-Islam

Vierzehntäglich erscheinende politische Zeitschrift

Liwā al-Islām

Mağalla siyāsīya tuṣdar marra kull ḫamsa ʿašr yauman

Herausgeber:

Verantw. Redakteur bzw. Schriftleiter: Ilias Bragon

Redaktion:

Berlin-Nikolassee, Normannenstr. 6 (*1*,1921,1-*2*,1922,1/2)
Berlin-Nikolassee, Alemannenstr. 11 (*2*,1922,3/6-9/10)
Braunschweig, Hagenstr. 27 (*2*,1922,11/12-17/18)

Verlag:

Druckerei:

Druckerei "Kaviani" G.m.b.H. (*2*,1922,3/6-17/18: Buchdrucker und Verlagsanstalt)
Berlin-Charlottenburg, Leibnizstr. 43 (*1*,1921,1-*2*,1922,1/2)

Erscheinungsweise: vierzehntäglich (unregelmäßig)

Bezugspreis:

Sprache: deutsch; arabisch, persisch, türkisch

Umfang: 4 bis 8 Seiten pro Nummer

Illustriert: ja

15. Dezember 1921 **Liwa-el-Islam** 15. Dezember 1921

لواء الاسلام

Redaktion:
Berlin-Nikolassee,
Normannenstraße 6.

Telephon:
Amt Wannsee, Nr. 132

Verantwortlicher
Schriftleiter: Prof. Dr.
Jilas Bragon Bey.

1. Jahrgang Vierzehntäglich erscheinende politische Zeitschrift Nr. 9

Englands Gewaltpolitik gegen Aegypten.

Trotz der Ankündigung des englischen Auswärtigen Amtes, daß das britische Protektorat über Aegypten aufgehoben werden sollte, und die Selbständigkeit Aegyptens anerkannt werden würde, hat Lord Curzon der ägyptischen Delegation Vorschläge gemacht, die selbst ein Adly Pascha nicht mit nach Hause bringen mochte. So sind die ägyptisch-englischen Verhandlungen wieder auf einem Stillstand angekommen, der einem Abbruch gleichkommt, und Adly Pascha hat London verlassen, ohne seinem Volke einen angenehmen Vertrag mitzubringen.

Aegyptens Bestrebungen zur Wiedergewinnung seiner Selbständigkeit sind lange bekannt. Vor allem forderen die Aegypter die Abschaffung des englischen Protektorates, das mit seinen schwerwiegenden Konsequenzen die Selbstbestimmung Aegyptens vollständig ausschließt. Gewiß, England hat der Delegation die Aufhebung dieses Protektorates versprochen. aber in welcher Weise? Im Ministerium der Justiz und Finanzen werden englische „Berater" sitzen, deren Pflicht natürlich ist, sich gründlich in die Geschäfte einzumischen. Wo bleibt da die zugesicherte Selbständigkeit des Landes? — Als unabhängige Macht muß Aegypten durch eigene diplomatische Vertretung seine Interessen durchführen können; das war eine weitere wesentliche Forderung Adly Paschas. Wenn nun nach den englischen Absichten Aegypten sich selbst regieren soll, warum sollen dann die Gesandten Großbritanniens die diplomatische Vertretung übernehmen in den Ländern, in denen Aegypten nicht besonders vertreten ist? Warum soll dann die englische Regierung bei Verträgen, die Aegypten eingehen will, erst befragt werden? Das ist wieder ein Beweis für die imperialistische Gewaltpolitik Englands. — Von größter Bedeutung für die Unabhängigkeit Aegyptens ist auch die Forderung für die Auflösung der englischen Garnisonen in Port Said, Alexandria und in der Suezkanalzone; mit anderen Worten, die Aegypter verlangen, daß keine englischen Truppen westlich des Suezkanals bleiben sollen. Welches war die Antwort des englischen Auswärtigen Amtes auf diese Forderung? Die britischen Garnisonen werden in unbestimmter Stärke in Kairo und am Suezkanal aufrechterhalten und in Alexandria wird eine neue Flottenbasis errichtet!

Mit dieser Beibehaltung englischer Garnisonen wird aber die Souveränität Aegyptens die stärkste Einschränkung erfahren. Gewiß, England muß wohl darauf bedacht sein, den Suezkanal in jedem Fall militärisch zu besetzen, um die Verbindung mit Indien, die ihm wichtigstes Reichsinteresse schon von jeher war, zu sichern. Kann man bei der Aufrechterhaltung der britischen Gewaltherrschaft überhaupt von einer „Unabhängigkeit" Aegyptens sprechen?

Diese Vorschläge hat selbst Adly Pascha verworfen und sie führten zum Abbruch der Verhandlungen. Damit ist England in eine schwierige Situation geraten. Wäre es Adly Pascha gelungen, einen einigermaßen annehmbaren Vertrag mitzubringen, dann wären die Anhänger Zaghluls, die größten Feinde Englands, vielleicht etwas gefügiger geworden. So aber steht gerade das Gegenteil für die Engländer zu befürchten; nämlich, daß viele von Adly Paschas Partei übergehen zu den Nationalisten. Durch die Gewaltherrschaft Englands ist in Aegypten eine Lage geschaffen, gegen die das ganze Land einstimmig protestiert, vom Sultan an bis zum Fellachen, und selbst die christlichen Kopten, auf deren Unterstützung England immer fest gerechnet hat, stehen geschlossen gegen England. So hat die englische Regierung durch ihre brutale Gewaltpolitik die Gegensätze im ägyptischen Volk überbrückt, und eine weitere Verschärfung des Gegensatzes der gesamten mohammedanischen Welt gegen den englischen Imperialismus wird die unvermeidliche Folge davon sein. Die ernsten Unruhen in Indien, die beim Eintreffen des englischen Thronfolgers stattfanden, zeigen schon die wachsende Mißstimmung unter den unterdrückten mohammedanischen Völkern. England steht jetzt vor einem kritischen Probleme in seiner Kolonialpolitik. Setzt es seinen Willen weiter mit dieser brutalen Gewalt durch, so nährt es die aufglimmenden Funken der Gegnerschaft in den nationalistischen Kreisen im ganzen Orient zu einer unaufhaltsamen, unlöschbaren Flamme.

Die untenstehende Nachricht zeigt auch, daß in Aegypten die Lage für England sich merklich verschlimmert:

London, 5. Dezember (W. T. B.) Wie aus Kairo gemeldet wird, verlautet dort, daß Adli Pascha seine Demission als erster Minister einreichen und Präsident einer neuen Partei werden würde, deren Ziel die Erlangung der Unabhängigkeit Aegyptens sein werde unter Wahrung der konstitutionellen Gebräuche. Der Korrespondent von Reuter sagt, die Partei von Zaglul Pascha und die von Adli Pascha würden zusammenarbeiten und sich zu einer Partei zusammenschließen.

L. B.

Standort, Signatur, Bestand:

1a: **4° Um 2379/28** (gebunden in 2 Bänden)

deutsche Ausgabe:
1,1921,1-9; *2*,1922,1/2-17/18

arabisch, persisch, türkisch in einer Ausgabe:
1,1921,1-3; *2*,1922,11/12

persisch und türkisch in einer Ausgabe:
1,1921,4; *2*,1922,13/14-17/18

gesonderte Herausgabe:

arabische Ausgabe:
1,1921,4-17/18; *2*,1922,1/2-7/8

persische Ausgabe:
1,1921,5-17/18; *2*,1922,1/2-9/10

türkische Ausgabe:
1,1921,5-17/18; *2*,1922,1/2-9/10

Lücken: arabische Ausgabe: *2*,1922,9/10 (?)

101: **ZB 3977** (deutsche Ausgabe)
ZB 3978 (arabische Ausgabe)
ZB 4044 (persische Ausgabe)
ZB 4140 (türkische Ausgabe)

Kriegsverlust (alle Ausgaben)

١٥ ايلول ١٣٣٧ – ١٩٢١ **Liwa-el-Islam** ١٢ محرم ١٣٤٠

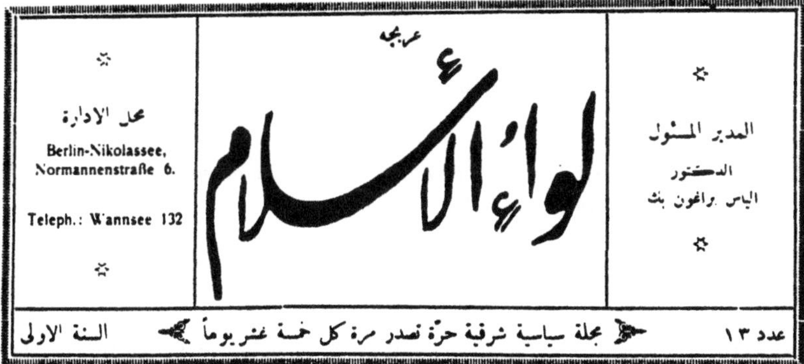

مجموعة

لواء الاسلام

محل الادارة
Berlin-Nikolassee,
Normannenstraße 6.
Teleph.: Wannsee 132

المدير المسئول
الدكتور
الياس براغون بك

عدد ١٣ — مجلة سياسية شرقية حرّة تصدر مرة كل خمسة عشر يوماً — السنة الاولى

نظرة فى طرابلس الغرب

نزف الى القراء سير الحركة الوطنية فى طرابلس الغرب وما قامت به الرؤساء والاهالى من الاعمال الجميلة لدفع نير الاستعباد والوصول الى الحكم الذاتى وهى لعمرى الحق حركة وطنية صادقة ادارتها عزيمة ثابتة و اظهرتها الى حيّز الوجود رجال اشداء لاغاية لهم الا سعادة الوطن و تخليص بنيه من الاستعباد .

انعقد منذ عدة أشهر مؤتمر عام فى قضاء غريان اجتمع فيه كل مندوبى القطر الطرابلسى لأجل المذاكرة فى الاسباب التى تؤمن للبلاد حياتها السياسية ولتوقيف حركة ولاة الحكومة الايطالية التى وجهت كل مجهوداتها فى المدة الأخيرة لتفريق كلمة الرؤساء ودفع بأسهم ببعضهم البعض والتى كان من نتائجها وقوع شهادة احد زعماء الحركة الوطنية الا وهو البطل المرحوم رمضان بك شيتوى اذ كانت الحكومة فى الشهور الاخيرة صارفة كل قواها لدس الدسائس بين القبائل والزعماء حتى يتقاتلوا ويفنى ما لديهم من السلاح والمهمات وتكون البلاد بعدها لقمة سائغة تقضى عليها القضاء الاخير متى استراحت داخليتها .

نظر عقلاء القوم وخامة العاقبة وفحصوا الداء بكل وضوح و علموا مقدار تخريبه فأخذوا فى التنقيب عن الدواء و بعد مناقشات طويلة فى المؤتمر المذكور تقررت مسئلتان رئيستان باتفاق الاراء :

الاولى انتخاب و تعيين لجنة مركزية وتقليدها ادارة امور البلاد و تنظيم شؤنها الداخلية من مالية و عسكرية و غيرها وحل المسائل والخلافات التى انبرت بين القبائل والعربان الى ان ينتخب رئيس مسلم للبلاد و ينعقد مجلس النواب و تستقر حكومة دائمة ؛

والمسئلة الثانية : انتخاب و تعيين و فد مؤلف من خمسة اشخاص وارساله الى روما لأجل التفاهم مع الحكومة الايطالية فى خصوص توقيف حركتها المخالفة للعهود والاتفاق معها على تعيين امير مسلم للبلاد بجمع شتات الأمة و بمنع جريان الفتن فيها و تسريع انتخاب مجلس النواب وتقرير اتفاقيات تجارية وصناعية تؤمن للحكومة الايطالية الغاية التى جاءت لأجلها للبلاد من ترويج صنايعها و تجارتها و تحكيم موقعها

Āzādī-ī šarq

Freiheit des Ostens. Politische, wirtschaftliche und soziale Zeitschrift
(*1*,1921/22,1-10)

La liberté d'Orient. Journal politique, économique et social bimensuel
(*1*,1921/22,11-*2*,1922/23,25)

Asadichark. Journal hebdomadaire politique, économique et social
(*2*,1922/23,26-*3*,1923/24,32 und *5*,1925/26,41-42)

Asadichark. Journal hebdomadaire politique, économique et nat. social
(*5*,1925/26,43-44)

La liberté d'Orient. Journal national, politique et économique. Organ für die wirtschaftlichen Interessen des Morgenlandes im Abendlande
(*8*,1928/29,1-*9*,1930,3)

Herausgeber:

Verantw. Redakteur bzw. Schriftleiter: Abdurrahman Seif (Seif Azad)

Redaktion:

Berlin-Charlottenburg, Kantstr. 146 (*1*,1921/22,1-2)
Berlin-Charlottenburg, Hardenbergstr. 37 (*1*,1921/22,3-7/8)
Berlin W 50 (Wilmersdorf), Eislebener Str. 11 (*1*,1921/22,9-*2*,1922/23,21)
Berlin-Charlottenburg, Weimarer Str. 18 (*2*,1922/23,22-*3*,1923/24,31)
Berlin W 50 (Wilmersdorf), Eislebener Str. 11 (*3*,1923/24,32; *4*,1924/25,39-40; *5*,1925/26,41-44; *8*,1928/29,1-2; *9*,1930,3)

Verlag:

Verlag Die Deutsche Industrie und der Osten
Berlin W 50, Eislebener Str. 11 (*5*,1925/26,41-44; *8*,1928/29,1)

Verlag Industrie und Orient, Seif Azad
Berlin W 50 (*8*,1928/29,2-*9*,1930,3)

Druckerei:

Druckerei "Kaviani" G.m.b.H.
Berlin-Charlottenburg, Leibnitzstr. 43 (*1*,1921/22,9-10)

"Druckerei des Ostens"
Berlin W 50, Eislebener Str. 11 (*1*,1921/22,11-*3*,1923/24,32)

Aftab G.m.b.H.
Berlin-Charlottenburg 4 (*4*,1924/25,39-40)

Buch- und Kunstdruckerei "Kaviani"
Berlin-Charlottenburg 4, Weimarer Str. 18 (*5*,1925/26,41-44)

R. Boll, Buchdruckerei
Berlin NW 6 (*8*,1928/29,1)

Sonnen-Druckerei
Berlin-Charlottenburg 4 (*8*,1928/29,2)

Pflaume & Roth
Berlin SW 68 (*9*,1930,3)

Erscheinungsweise: halbmonatlich, wöchentlich

Bezugspreis: 120 Mark/2,50 Dollars jährlich (*1*,1921/22,1)
100 Mark/2 Dollars jährlich (ab *1*,1921/22,2)
300 Mark/1 Pfund Sterling jährlich (ab *1*,1921/22,11)
2000 Mark/1 Pfund Sterling jährlich (*2*,1922/23,22)
5000 Mark/1 Pfund Sterling jährlich (ab *2*,1922/23,23)
20 Mark/1 Pfund Sterling jährlich (ab *3*,1923/24,32)
1 Pfund Sterling/5 Dollars jährlich (ab *8*,1928/29,1)

Sprache: arabisch, persisch, türkisch, deutsch, englisch, französisch

Umfang: 1 bis 32 Seiten pro Nummer

Illustriert: ja (ab *4*,1924/25,39 auch mit illustrierter Beilage)

Standort, Signatur, Bestand:

1a: **gr. 2° Uk 549** (gebunden in 2 Bänden)
1,1921/22,1-14; *2*,1922/23,15-30; *3*,1923/24,31-32; *4*,1924/25,39-40; *5*,1925/26,41-44; *8*,1928/29,1-2; *9*,1930,3

Lücken: *3*,1923/24,33-38; *6*,1926; *7*,1927

„Freiheit des Ostens“

لا نفرق بين احد منهم و نحن له مسلمون

آزادی شرق

مقصود

راه نجات

Was wir wollen!

رفقا

سؤال

رفقا

The Crescent

The Only Muslim Organ in Europe
A paper published twice a month in the interests of the Muslim World

Herausgeber, Verleger und Verantw. Redakteur: M. Walikhan

Redaktion: Berlin W 50

Verlag:

Druckerei:

Hutfilz & Mammach, Berlin N 39 (*1*,1923/24,2-4/6)

Erscheinungsweise: halbmonatlich (unregelmäßig)

Bezugspreis: 1 Pfund Sterling jährlich (*1*,1923/24,2-3)

Sprache: englisch

Umfang: 8 Seiten pro Nummer

Illustriert: nein

Standort, Signatur, Bestand:

1a: **4° Um 2379/89** (gebunden in 1 Band)
1,1923,2, 1923/24,3, 1924,4/6
Lücken: *1*,1923,1

101: **ZB 14087** (gebunden in 1 Band)
1,1923,2, 1923/24,3, 1924,4/6
Lücken: *1*,1923,1

THE CRESCENT

The Only Muslim Organ in Europe

A paper published twice a month in the interests of the Muslim World

by

M. Walikhan, Berlin—Germany

No. 2	October — November 1923	Vol. I.

A Waziri "Mujahid", Holy Warrior, who is fighting heroically for faith and fatherland against heavy British Odds in Waziristan.

The Muslim Standard

Herausgeber: Mohamed Wali Khan

Verantw. Redakteur bzw. Schriftleiter: Mohamed Wali Khan

Redaktion: Berlin W 50

Verlag:

Druckerei: Hutfilz & Mammach, Berlin N 39

Erscheinungsweise:

Bezugspreis:

Sprache: englisch

Umfang: 8 Seiten

Illustriert: nein

Standort, Signatur, Bestand:

101: **ZB 14668** (gebunden)
1,1924,1

THE MUSLIM STANDARD

Editor M. Wali Khan

No. 1 | Berlin, November 1924 | Vol. 1

GRACIOUS CALIPHIAN MESSAGE.

Le Grand Hotel
Hotel des Alpes

Territet — Montreux

Mohammed Wali Khan
Editor "The Crescent" Berlin

Dear Sir and Brother in Islam

His Islamic Majesty our most venered Caliph Abdul Medjid II., was very pleased with your Idoulmoubarek (Bairam greetings) expressed by your letter of allegiance, and especially with your noble defence of the holy cause of the Khilafat, and muslim solidarity, in the Crescent. He ordered me therefore to convey to you, His Fatherly appreciation and best wishes for your further work.

I am, dear Sir and brother in Islam,
fraternally yours,
Salih N. Kiramett
Secretary

The Caliph's Pension.

Muslim Prince's Generosity.

We are extremely delighted to convey the glad tidings of the grant of the pension which His Exalted Highness The Nizam, Mir Osman Ali Khan, Asif Jah, the Premier Indian Prince, and Ruler of Hyderabad Deccan, has made to our venerable Khalifa, Abdul Majid Khan, in his forced exile. H. E. H. the Nizam's noble and dutiful act to the holy cause of Islam, has received universal approval and commendation, and we beg to add our heartfelt thanks to His Exalted Highness, for his rendering a very timely service, he has saved the aged Khalifa and his family from the terrible plight to which Angora has seen fit to reduce him to, by its callous curtailment of the Khalifa's allowance.

Ban on "Crescent".

London, Aug. 1: The following question will be asked in the House of Commons, on Monday the 4th. August:

Mr. Lansbury, asks the Under Secretary whether he is aware that the Muslim Organ in Europe, "The Crescent", is prohibited from circulating in India, and will he take steps to inquire of the Viceroy, the reasons why this journal is prohibited. — (Forward Cable).

We are indebted to our worthy friend Mr. Lansbury, M. P. Editor of the "Daily Herald", for his service to the cause of humanity and liberty of the Press, and we owe our thanks to our contemporary "The Swarajya", of Madras, for its courtesy to us.

We repeat our warning that we refuse to be dismayed by this foolish English policy of gagging the Press; on the contrary, the proscription of our journal "The Crescent", leads us to beleive, that the reactionary despots are mortally afraid of its outspokeness; against their wicked policy of coercion, we will marshall the unconquerable might of moral force. We now take the liberty to issue our new number under the title of "Muslim Standard", and trust that our esteemed contemporaries and the general public, will extend it the same courtesy as they have hitherto done in the case of "The Crescent".

We cannot help inviting the attention of our readers to the fact, that it is the Viceroy of India, under a socalled Socialist Labour Government, who is flouting public opinion, and is making a mess of things out there; he is by his repressive measures, convincing

El Islah

A Monthly Arabic Journal. - Literary and Commercial
Zeitschrift für Literatur und Handel. Erscheint monatlich einmal

Herausgeber: M. Barakatullah

Verantw. Redakteur bzw. Schriftleiter:

Redaktion: 10, Ilgenstr., St. Gallen

Verlag:

Druckerei:

Kunst- und Buchdruckerei "Sonne"
Berlin-Charlottenburg, Weimarer Str. 18

Erscheinungsweise: monatlich (geplant)

Bezugspreis: 6 Pence pro Nummer
5 Shilling jährlich

Sprache: arabisch, persisch, Urdu, deutsch, englisch

Umfang: 12 Seiten pro Nummer

Illustriert: ja

Standort, Signatur, Bestand:

1,1925,1; *2*,1926,1-2

Islam

Ein Wegweiser zur Rettung und zum Wiederaufbau

Herausgeber: Jabbar Kheiri und Sattar Kheiri *

Verantw. Redakteur bzw. Schriftleiter: Jabbar Kheiri

Redaktion: Berlin NW 6, Hannoversche Str. 1

Verlag: Verlag Islam (*1*,1923,2)

Druckerei:

August Hopfer, Burg (Bezirk Magdeburg) (*1*,1922,1)
Franz Müller, Kalkberge (*1*,1923,2)

Erscheinungsweise: monatlich (geplant)

Bezugspreis: 50,- Mark ** vierteljährlich bzw. 400,- Mark pro Nummer
3/6 sh., 1 Dollar, 6 Fr., 3 holl. Gulden, 4 skandin. Kronen
jährlich (Ausland)

Sprache: deutsch

Umfang: 12 bis 18 Seiten pro Nummer

Illustriert: nein

* *1*,1922,1: Sattar Kheiri handschriftlich gestrichen (11 und 101)
** *1*,1922,1: Preis handschriftlich geändert in: 450,00 M sowie handschriftliche Ergänzung von 40 % Rabatt (101)

Standort, Signatur, Bestand:

1a: **4° Um 2379/61** (gebunden in 1 Band)
1,1922/23,1-2

11: **Zu 84316** (gebunden in 1 Band)
1,1922/23,1-2

101: **ZB 12597** (gebunden in 1 Band)
1,1922/23,1-2 •

• *1*,1922,1: Datierung der Nummer handschriftlich geändert:
(Da'weh 1293-Oktober) 1922 in: (Zohur-April) 1923

EIN WEGWEISER ZUR RETTUNG UND ZUM WIEDERAUFBAU

IN VERBINDUNG MIT PROF. SATTAR KHEIRI M. A.

Die Bestellung kann an jedem Postschalter oder direkt beim Herausgeber erfolgen.
Fernsprecher: Norden 5300.

HERAUSGEGEBEN VON
PROF. JABBAR KHEIRI M. A.
BERLIN NW 6, HANNOVERSCHE STRASSE 1.

Geldsendungen sind zu richten an das Postscheckkonto Berlin 5690 oder Dresdener Bank, Kasse L. Berlin N 4, für Prof. Jabbar Kheiri.

Nr. 2 BERLIN, WEFD 1294 (MAI 1922) Bd. 1

INHALT.

Die Zeitschrift „ISLAM“ ist vollständig unabhängig, sie dient keinerlei persönlichen, geschäftlichen politischen oder anderen Interessen, sondern allein der Wahrheit. Der Preis der Zeitschrift soll, den Herstellungskosten entsprechend, so niedrig als möglich gehalten werden, damit sie möglichste Verbreitung findet. Der Herausgeber und die anderen Mitarbeiter der Zeitschrift beziehen für ihre Arbeit keinerlei Entgelt. Bei der schwierigen wirtschaftlichen Lage ist der Herausgeber für jede Unterstützung seines Werkes, durch geeignete Beiträge zu dem Inhalt der Zeitschrift und durch Geldmittel, sehr zu Dank verbunden. Ueber alle zufließenden Geldmittel wird Rechnung abgelegt, und sie werden allein zum Ausbau der Zeitschrift verwandt. Der Herausgeber würde den verehrten Lesern sehr dankbar sein, für die Mitteilung von Adressen solcher Leser, die sich für unsere Zeitschrift interessieren.

Moslemische Revue

Herausgeber:

Sadr-ud-Din (*1*,1924-*2*,1925,2)
Sadr-ud-Din und F. K. Khan Durrani (*2*,1925,3/4-*4*,1927,1)
Sadr-ud-Din und S. M. Abdullah (*5*,1929-*16*,1940)

Direktorium der Redaktion (nur *9*,1933)
Sadr-ud-Din, S. M. Abdullah, Azeez Mirza, Omar Rolf von Ehrenfels

Verantw. Redakteur bzw. Schriftleiter:

Sadr-ud-Din (*1*,1924-*2*,1925,2)
F. K. Khan Durrani (*2*,1925,3/4-*4*,1927,1)
S. M. Abdullah (*5*,1929-*8*,1932; *10*,1934-*15*,1939,2)
Azeez Mirza (*9*,1933)
Bruno Hiller (*15*,1939,3-*16*,1940)

Redaktion:

Berlin-Charlottenburg, Giesebrechtstr. 5 (*1*,1924-*2*,1925,1)
Berlin-Wilmersdorf, Brienner Str. 7, Moschee (*2*,1925,2-*16*,1940)

Schriftleitung auch:
Berlin N 58, Gleimstr. 46 (*15*,1939,3-*16*,1940)

Verlag:

Verlag der Deutsch-Moslemischen Gesellschaft e.V. (*15*,1939-*16*,1940)

Druckerei:

Josef Hirsch, Leipzig (*1*,1924,1 und 2)

Buch- und Kunstdruckerei "Kaviani"
Berlin-Charlottenburg, Weimarer Str. 18 (*1*,1924,3-*2*,1925,1)

Buch- und Kunstdruckerei "Humboldt"
Berlin N 31, Swinemünder Str. 96 (*2*,1925,2)

Buch- und Kunstdruckerei "Sonne"
Berlin-Charlottenburg, Weimarer Str. 18 (*2*,1925,3/4-*4*,1927,1)

Paß & Garleb A.-G.
Berlin W 57, Bülowstr. 66 (*5*,1929-7,1931)

Georg Eichler
Berlin SO 16, Rungestr. 18 (*8*,1932-*12*,1936,1; *13*,1937-*15*,1939)

Buch- und Kunstdruckerei Lothar v. Malottki
Berlin W 8, Unter den Linden 20 bzw. 39 (*12*,1936,2 bzw. 3)

Anton Dybe
Berlin-Steglitz, Lepsiusstr. 42 (*16*,1940)

Erscheinungsweise: vierteljährlich (*1*,1924-*11*,1935)
dreimal jährlich (*12*,1936-*16*,1940)

Bezugspreis: zwischen 1,00 und 1,20 Mark pro Nummer
zwischen 3,00 und 4,00 Mark jährlich

Sprache: deutsch

Umfang: 16 bis 60 Seiten pro Nummer

Illustriert: ja

Standort, Signatur, Bestand:

1: **Um 2379/120** (gebunden in 7 Bänden)
1,1924,1-2; ***5***,1929,1-4; ***6***,1930,3-4; ***8***,1932,1/2-3/4; ***9***,1933,1/2-3/4; ***10***,1934,1-4; ***11***,1935,1/2-3/4; ***12***,1936,1-3; ***13***,1937,1-3; ***14***,1938,1-3; ***15***,1939,1-3; ***16***,1940,1-2/3
Lücken: ***1***,1924,3-4; ***2***,1925; ***3***,1926; ***4***,1927; ***6***,1930,1/2; 7,1931;

1a: **Um 2379/120** (gebunden in 5 Bänden)
1,1924,1-3; *2*,1925,1-3/4; *3*,1926,1-3/4; *4*,1927,1; *5*,1929,1-4; *6*,1930,1/2-4; *7*,1931,1-4; *8*,1932,1/2-3/4; *9*,1933,1/2-3/4; *10*,1934,1-4; *11*,1935,1/2-3/4; *12*,1936,1-3; *13*,1937,1-3; *14*,1938,1-3; *15*,1939,1-3; *16*,1940,1-2/3
Lücken: *1*,1924,4; *4*,1927,2-4

11: **Gesch. 25121** (gebunden in 5 Bänden)
1,1924,1-3; *2*,1925,1-3/4; *3*,1926,2-3/4; *4*,1927,1; *5*,1929,1-4; *6*,1930,1/2-4; *7*,1931,1-4; *8*,1932,1/2-3/4; *9*,1933,1/2-3/4; *10*,1934,1-4; *11*,1935,1/2-3/4; *14*,1938,1-3; *15*,1939,1-3; *16*,1940,1-2/3
Lücken: *1*,1924,4; *3*,1926,1; *4*,1927,2-4; *12*,1936,1-3; *13*,1937,1-3

101: **ZB 13725** (gebunden in 10 Bänden)
1,1924,1-3; *2*,1925,1-3/4; *3*,1926,2-3/4; *4*,1927,1; *5*,1929,1-4; *6*,1930,1/2-4; *7*,1931,1-4; *8*,1932,1/2-3/4; *9*,1933,1/2-3/4; *10*,1934,1-4; *11*,1935,1/2-3/4; *12*,1936,1-3; *13*,1937,1-3; *14*,1938,1-3; *15*,1939,1-3; *16*,1940,1-2/3
Lücken: *1*,1924,4; *4*,1927,2-4

MOSLEMISCHE REVUE

HERAUSGEBER: MAULVI SADR-UD-DIN

1. Jahrgang April 1924 Heft 1

INHALT

Erscheint vierteljährlich · Bezugspreis: jährlich ℳ 4.–

BERLIN-CHARLOTTENBURG

GIESEBRECHTSTRASSE 3

Islam-Echo. Ṣadā al-islām

Wöchentlicher Nachrichtendienst über Politik, Wirtschaft und Kulturfragen in den gesamten Ländern des Islam (*1*,1927,1-*2*,1928,3)

Wöchentlicher Nachrichtendienst über die kulturellen, wirtschaftlichen und politischen Vorgänge in der islamischen Welt (*2*,1928,4/5-16/17; *3*,1929,1-2)

Der Presse-Nachrichtendienst der islamischen Freiheitsbewegung (*3*,1929,3-7)

Herausgeber: M. Nafi Tschelebi

Verantw. Redakteur bzw. Schriftleiter: M. Nafi Tschelebi

Redaktion:

Berlin-Zehlendorf-Mitte, Irmgardstr. 34 (*1*,1927,1-2 und 12-16)
(nur: Berlin-Zehlendorf *1*,1927,17-31/32-*2*,1928,8/9)

Berlin-Charlottenburg 4, Pestalozzistr. 15 (*1*,1927,3-11)
Berlin-Zehlendorf, Winfriedstr. 4a (*2*,1928,10-16/17)
Berlin-Friedenau, Schmargendorfer Str. 13 (*3*,1929,1-7)

Verlag: Islamische Presse-Agentur (ab *2*,1928,4/5)

Druckerei:

Buch- und Kunstdruckerei Gustav Schliephake
Berlin-Lichterfelde, Unter den Eichen 101 (*1*,1927,16-31/32 und *2*,1928,1-2/3)

Berliner Buch- und Kunstdruckerei G.m.b.H.
Berlin SW 48 - Zossen (*2*,1928,4/5-8/9)

Buch- und Kunstdruckerei "Sonne"
Berlin-Charlottenburg 4, Weimarer Str. 18 (*2*,1928,10-16/17)

Islam-Press
Berlin-Friedenau, Schmargendorfer Str. 13 (*3*,1929,1-7)

A 2 Islam-Echo (I E.)　　　　　　　　　　　B e r l i n, den 30. April 1927

Zuspitzung der Lage in Syrien.
-.-.-.-.-.-.-.-.-.-.-.-.-.-.-.-.-

Das syrische Informationsbüro in Kairo teilt uns mit: Nach den Verhandlungen und dem Übereinkommen zwischen dem englischen Oberkommissar in Palaestina und dem französischen General Gamelain, die vor einigen Wochen in Jerusalem stattfanden, entsandte die englische Regierung ihre Hauptmacht in Transjordanien mit Proviant und Ausrüstung für 15 Tage versehen, und nach der Sicherung weiterer Munitions- und Proviantzufuhr nach der Grenzzone El-Asrak, wo die syrischen Aufständigen ihr Hauptquartier und ihre Frauen und Kinder und Greise untergebracht haben. Die englische Regierung hat über diese Zone den Belagerungszustand verhängt und beabsichtigt, sämtliche syrische Aufständischen aus dieser Zone zu vertreiben. Gleichzeitig unternehmen die Franzosen von Norden her eine grosse Aktion gegen die Aufständigen; man hofft durch dies gemeinsame Vorgehen Englands und Frankreichs die Aufstandsbewegung zu unterdrücken. So will man den kolonialen Zielen näher kommen und besonders die Absicht Frankreichs verwirklichen, Südsyrien einschliesslich Djebl-Drus mit Armeniern zu besiedeln.

Wie aus dem weiteren Bericht des syrischen Informationsbüros deutlich hervorgeht, sind diese Pläne an der Tapferkeit und dem Opfermut der syrischen Aufständigen gescheitert. Das französische Heer, das unter der Führung des Generals Gamelain die grosse Offensive auf das Hauptquartier des syrischen Aufstandes in El-Ledschah unternahm, bestand aus fünf Divisionen, die von allen vier Seiten aus auf El-Ledschah vorgingen.

Die erste Division stiess mit den Aufständigen in El-Mensrah zusammen, und wurde vernichtend geschlagen und liess eine grosse Zahl von Waffen und Munition in den Händen der Aufständigen. Ebenso gelang es den Aufständigen, die zweite Division zu besiegen und ihr bei der Verfolgung grosse Verluste zuzufügen. Die dritte Division wurde von den Aufständigen in dem Dorf Medschadel eingeschlossen, bis ihr aus Schahba grössere Truppenabteilungen zu Hilfe kamen und sie entsetzten. Der vierten und fünften Division gelang es, den linken Flügel der Aufständigen zu umgehen, die Ortschaften, die auf ihrem Wege lagen, zu plündern und in Brand zu stecken, so dass der linke Flügel der Aufständigen gezwungen war, sich zurückziehen, um nicht abgeschnitten zu werden.

Die Kämpfe um El-Ledschah dauerten mehrere Tage, in denen die französischen Truppen bei Tage angriffen. Die Verluste auf Seiten der französischen Truppen sind sehr hoch gewesen; unter anderem sind die Leichen von 160 Offizieren nach Beirut gebracht und nach Frankreich überführt worden. Während dieser Offensive haben die Franzosen aus jeder Ortschaft, die sie berührten, eine Anzahl der besten Männer als Geiseln mitgeschleppt und gezwungen, in den Kämpfen vor der französischen Front zu stehen. Ebenso wurden die syrischen Söldlinge im französischen Heere in die vorderste Linie gestellt, und als sie zu den Aufständigen übergehen wollten, gerieten sie in das Kreuzfeuer der beiden Gegner.

Der französische Generalstab ist über den Misserfolg und die grossen Verluste bei El-Ledschah sehr besorgt. Umso mehr, da er sich die Aufgabe gestellt und der französischen Regierung versprochen hatte, den Aufstand in seinem Zentrum zu ersticken. Dem französischen Generalstab wird es schwer fallen, den Misserfolg der militärischen Operationen in Paris zu rechtfertigen. Aber auch der französischen Regierung

Erscheinungsweise: wöchentlich

Bezugspreis:

Sprache: deutsch

Umfang: 8 bis 11 Seiten pro Nummer (maschinenschriftlich)
1 bis 2 Seiten pro Nummer (Druck)

Illustriert: nein

Standort, Signatur, Bestand:

1a: **4° Um 2379/375** (gebunden in 1 Band)
1,1927,1-31/32
Lücken: *2*,1928; *3*,1929

101: **ZB 6385** (gebunden in 3 Bänden)
1,1927,5-7, 16/17-31/32; *2*,1928,1-16/17; *3*,1929,1-7
Lücken: *1*,1927,1-4, 8-15; *2*,1928, ab 18

ISLAM-ECHO صدى الاسلام

Der Presse-Nachrichtendienst der islamischen Freiheitsbewegung

Herausgegeben von H. M. N. Tschelebi unter Mitarbeit führender Fachleute und eigener Vertreter an allen Plätzen des Orients.

Berlin, 17. Aug. 1929

Islamische Presse-Agentur, Verlag u. Schriftleitung: Berlin-Friedenau, Schmargendorfer Str. 13, Tel.: Rheing. 4421 — Nachtredaktion: G 4 Zehlendorf 4834 — Bank-Konto: Deutsche Bank, Depositen-Kasse OP. — Postscheck-Konto: Berlin 39464. — Abdruck nur nach bes. Vereinbarung. — Als Manuskript gedruckt. — Verantwortlich für Inhalt und Verlag: H. M. Nafi Tschelebi, Berlin-Zehlendorf.

Nr. 7
3. Jahrg. 1929

Ein neues Opfer der französischen Kolonialherrschaft.

Die Ermordung des syrischen Deputierten Fewsi Bey el Ghusi. — Strychnin gegen die syrische Nationalversammlung.

I. E. Damaskus, den 17. 8. 1929. Der Tod des hervorragenden syrischen Nationalführers und Deputierten Fewsi Bey el Ghusi, der weit über Syrien hinaus im ganzen Orient Trauer und Anteilnahme erregte, hat eine überraschende Teilaufklärung gefunden. Der polizeiliche Befund hatte ursprünglich Herzschlag als Todesursache angegeben; eine nachträgliche Untersuchung, die von den Damascener Ärzten erzwungen wurde, ergab jedoch, dass Fewsi Bey el Ghusi

mit Strychnin vergiftet

worden ist. Diese sensationelle Wendung löste naturgemäss unter der Bevölkerung eine ausserordentliche Empörung aus, die sich voraussichtlich bis zum vierzigsten Tag nach der Ermordung, dem traditionellen Tag der zweiten Totenfeier, noch weiter steigern wird.

Obwohl die französische Presse bemüht ist, den Fall als ein „Familie drama" erscheinen zu lassen, ist sich die Bevölkerung völlig darüber klar, wo die Anstifter zu diesem Mord zu suchen sind, der sich würdig den zahllosen anderen Gewaltakten der französischen Kolonialbürokratie anreiht. Dass auch die französischen Behörden den politischen Effekt des Mordes mit zynischer Offenheit zugeben, beweisen die Ausführungen des Oberkommissars Ponsot, die in der „Depêche Coloniale" veröffentlicht wurden: „Syrien ist in politischer Hinsicht vollkommen ruhig, denn der Tod des wichtigsten Faktors bei der Erregung der politischen Leidenschaften hat — wenn man so sagen darf — der ständigen Siedehitze in Damaskus, Aleppo und Beirut ein Ende gemacht."

Mit Fewsi Bey el Ghusi ist der aufrechteste Mann der von Ponsot ad calendas graecas vertagten Nationalversammlung gefällt; es scheint aber, als ob sich Ponsot irrt, wenn er glaubt, dass die Beseitigung des allseitig verehrten Freiheitsführers hemmend auf den Kampf um die Souveränität des arabischen Volkes und der syrischen Nationalversammlung wirken wird. Auf der kommenden, durch die Aufdeckung des Mordes zu einer politischen Demonstration gewordenen Totenfeier wird sich das syrische Volk entschlossen hinter die Parole des grossen arabisch-ägyptischen Dichters Achmed Schewki Bey stellen, der seiner Solidarität mit dem syrischen Volk und seinen Freiheitsführern durch folgende Worte Ausdruck verlieh: „Derjenige, der el Ghusi ermordet hat, wollte nicht einen Menschen, sondern die arabische Frage beseitigen. Darum muss das arabische Volk den Mörder entlarven und seiner gerechten Strafe zuführen."

Eine arabische Botschaft in London.

König Ibn Sa'ud erliess ein Dekret über die Errichtung einer politischen Vertretung für die Regierung des Hedjas, Nedjd und angeschlossenen Gebiete in London und bestimmte Scheich Hafiz Wahba zum Botschafter in London und Ali Schukri, der mit diesem zum internationalen Postkongress gekommen war, zum Sekretär.

Innerer Zerfall des Zionismus.

Antizionistische jüdische Demonstrationen. — Zusammenstösse mit der englischen Polizei. — 12 Sistierungen.

I. E. Jerusalem, den 17. 8. 1929. Anlässlich der Versammlungen, die im Zusammenhang mit dem Zionistenkongress in Palästina abgehalten wurden, veranstalteten linksradikale Juden in Jerusalem eine Demonstration, bei der sie „Nieder mit dem Zionismus!" und „Nieder mit der Balfourdeklaration!" riefen. Die britische Polizei ging unter Befehl des Majors Harrington gegen die Demonstranten vor und löste den Zug nach halbstündigem Handgemenge auf. Zwölf Teilnehmer der Demonstration wurden verhaftet.

Diese antizionistische Demonstration aus den Reihen zionistischer Einwanderer ist die logische Fortsetzung der inneren Kämpfe, die bereits vor dem zionistischen Kongress im Lande stattfanden. So kam es bereits bei den Wahlen zum Kongressbüro und bei einer Massenkundgebung der Organisation „Schomre Schabbos" (Vereinigung zur Aufrechterhaltung des Sabbaths) zu stürmischen Auftritten und schweren Prügeleien, bei denen es zahlreiche Verletzte gab. Die Erweiterung der Jewish Agency durch nichtzionistische Juden, die auf dem Kongress in Zürich gutgeheissen wurde, wird den inneren Zerfall des Zionismus, der von seinen besten Anhängern innerlich aufgegeben wird, nicht aufhalten können.

Bezeichnend dafür ist auch die Tatsache, dass eine Massenversammlung der „Poale Zion", die in Frankfurt a. M. während des antiimperialistischen Weltkongresses abgehalten wurde, eine antizionistische Resolution fasste und den Zionismus als Werkzeug des Imperialismus brandmarkte.

Jugendbewegung in Palästina.

Ein Studenten- und Schülerkongress in Jaffa.

I. E. Jaffa, den 17. 8. 1929. In Jaffa hat ein Studenten- und Schülerkongress der arabischen Jugend begonnen, der auf die Intiative des Studentenklubs in Jaffa zurückgeht. Auf dem Kongress ist die gesamte arabische Schülerschaft Palästinas, ohne Rücksicht auf ihre religiöse oder politische Zugehörigkeit, vertreten. Jede Stadt hat zwei Delegierte nach Jaffa entsandt. Das konstituierende Komitee des Kongresses hatte durch einen Aufruf zur Teilnahme eingeladen, der mit folgenden Worten beginnt: „An die gesamte arabische Schülerschaft in Palästina und Transjordanien! Kameraden, das arabische Volk kämpft schon seit langer Zeit um seine Existenz, um Fortschritt und Selbständigkeit. Verschiedene Organisationen und Kongresse haben sich im Dienste unseres Volkes wiederholt erprobt. Alle haben ihre Richtungen entwickelt und ihr Programm entworfen, sodass unser Volk im Begriff steht, sich ein endgültiges Urteil über seine Kräfte und Mittel zu machen, ohne zuvor auch die Stimme der Jugend, der Schülerschaft, gehört zu haben."

Ehrung der transjordanischen Opposition.

I. E. Amman, den 17. 8. 1929. Der Präsident des transjordanischen Nationalkongresses veranstaltete in Amman eine eindrucksvolle Feier zu Ehren der fünf oppositionellen Mitglieder des Gesetzgebenden Rates, die trotz des Regierungsterrors gegen den englischen Kolonisationsvertrag gestimmt haben. Durch die Beteiligung aller Kreise der Bevölkerung wurde die Feier zu einem Volksfest. Sympathie-Adressen und Solidaritätserklärungen liefen aus allen Teilen des arabischen Orients ein — unter anderem vom ägyptischen Wafd und von der Orient-Liga in Kairo — und wurden unter dem begeisterten Jubel des Volkes verlesen.

Kolonialterror in Indonesien.

Zwei Funktionäre der Sarekat Islam eingekerkert.

I. E. Padang, den 17. 8. 1929. Datuk Singomangkuto, der Vorsitzende der Sektion Sungei Batang der Sarekat Islam und Datuk Singoradscho, der Sekretär der Sektion Manidschau der gleichen Organisation, wurden von der holländischen Polizei wegen ihrer Aeusserungen gegen einen Verwaltungsbeamten in Haft genommen. Die Sarekat Islam ist die islamische Massenorganisation Indonesiens.

Die Islamische Gegenwart

Monatsschrift für die Zeitgeschichte des Islam

Deutsche Ausgabe des "Nur-ul-Islam". Monatshefte für islamische Kultur und Wirtschaft
(*1*,1927,1)

Deutsche Ausgabe des "Nur-ul-Islam". Monatsschrift für islamische Kultur und Wissenschaft
(*1*,1927,2)

Deutsche Ausgabe des "Nur-ul-Islam". Monatsschrift für islamische Kultur und Wirtschaft
(*2*,1928,2/3-*3*,1929,1)

Deutsche Ausgabe des "Nur-ul-Islam". Arabische Monatsschrift für islamische Kultur und Wiederaufbau (*3*,1929,2/4)

Beilage: **Der Islamische Student** (s. dort)

Herausgeber: Mohammed Nafi Tschelebi

Verantw. Redakteur bzw. Schriftleiter:

Mohammed Nafi Tschelebi
Mohammed Hassan [Hoffmann] (*2*,1928,2/3)

Redaktion:

Berlin-Zehlendorf, Irmgardstr. 34 (*1*,1927)
Berlin-Zehlendorf, Winfriedstr. 4a (*2*,1928,2/3-4/5)
Berlin-Friedenau, Schmargendorfer Str. 13 (*3*,1929)

Verlag:

Verlag des "Islam-Echo" (*1*,1927)
Islamische Presse-Agentur (*2*,1928,2/3-*3*,1929)

Einzelpreis RM 0.50

DIE ISLAMISCHE GEGENWART

Monatsschrift für die Zeitgeschichte des Islam

Dschumada el Ula 1346

November 1927

Heft 1 — 1. Jahrg.

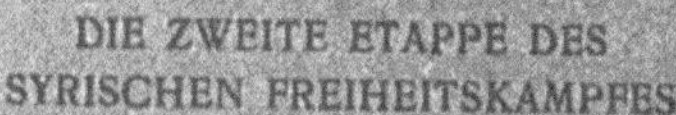

DIE ZWEITE ETAPPE DES SYRISCHEN FREIHEITSKAMPFES

Die Denkschrift der syrischen Delegation an den Völkerbund

DER HEDSCHAS-ENGLAND-VERTRAG

NORDAFRIKAS AUFSTIEG ZUR SELBSTBESTIMMUNG

Faschistische Kolonialpolitik in der Kyrenaika

Tunesien über die französische Kolonialpolitik

„DER ISLAMISCHE STUDENT"

BERLIN-ZEHLENDORF

VERLAG DES „ISLAM-ECHO"

Druckerei:

Orient-Druck G. Schliephake
Berlin-Lichterfelde 3 (*1*,1927,2)

Buch- und Kunstdruckerei "Sonne"
Berlin-Charlottenburg 4, Weimarer Str. 18 (*2*,1928,2/3-4/5)

"Islam Press", Deutsch-orientalische Buch- und Kunstdruckerei
Berlin-Friedenau, Schmargendorfer Str. 13 (*3*,1929,1-2/4)

Erscheinungsweise: 2 Hefte (1927)
5 Hefte (1928), davon 2 Doppel-Hefte
4 Hefte (1929), davon 1 Dreier-Heft

Bezugspreis: 0,50 bis 1,00 Mark pro Nummer
2,50 Mark halbjährlich
5,00 Mark jährlich

Sprache: deutsch

Umfang: 20 bis 34 Seiten pro Nummer

Illustriert: ja

Standort, Signatur, Bestand:

1a: **Um 2379/388** (gebunden in 1 Band)
1,1927,1-2; *2*,1928,2/3-4/5; *3*,1929,1-2/4
Lücken: *2*,1928,1

11: **Gesch. 27252** (gebunden in 1 Band)
1,1927,1-2; *2*,1928,2/3-4/5; *3*,1929,1-2/4
Lücken: *2*,1928,1

101. **ZA 9911** (gebunden in 3 Bänden)
1,1927,1-2; *2*,1928,2/3-4/5; *3*,1929,1-2/4
Lücken: *2*,1928,1

Der Islamische Student

Publikationsorgan der "Islamia" Akademisch-Islamischen Vereinigung und der Vereinigung arabischer Studierender "El Arabiya" (*1*,1927,1)

Publikationsorgan der "Islamia" Akademisch-Islamischen Vereinigung, der Vereinigung arabischer Studierender "El Arabiya" und des Aegyptischen Studentenvereins in (*2*,1928,1/3 und 4/5: an) der Technischen Hochschule in (*2*,1928,4/5: zu) Berlin (*1*,1927,2-*2*,1928,4/5)

Publikationsorgan der Islamiya Akademisch-Islamischen Vereinigung e.V., der Vereinigung arabischer Studierender "El Arabiya" und des Aegyptischen Studentenvereins an der Technischen Hochschule zu Berlin (*3*,1929,1)

[später: Der Islamische Student. Blätter für das Studium in Europa. In Verbindung mit den muslimischen Studentenvereinen. Herausgegeben vom Studienamt des Islam-Institutes]

Herausgeber: Mohammed Nafi Tschelebi

Verantw. Redakteur bzw. Schriftleiter:

Mohammed Nafi Tschelebi
M. H. Hoffmann, Berlin-Zehlendorf (*3*,1929,1)

Redaktion:

[Berlin W 15, Fasanenstr. 13, Alexander von Humboldthaus, Geschäftsstelle der "Islamia" Akademisch-Islamischen Vereinigung]

Verlag:

Verlag des "Islam-Echo", Berlin-Zehlendorf (*1*,1927,1)
Islamische Presse-Agentur, Berlin-Friedenau (*3*,1929,1)

Druckerei:

Berliner Buch- und Kunstdruckerei G.m.b.H.
Berlin SW 48 - Zossen (*2*,1928,1/3)

Islam-Press
Berlin-Friedenau (*3*,1929,1)

Erscheinungsweise: 2 Nummern (1927)
5 Nummern (1928), davon 1 Doppel- und 1 Dreier-Nummer

Bezugspreis:

Sprache: deutsch

Umfang: 2 bis 8 Seiten pro Nummer

Illustriert: ja

Standort, Signatur, Bestand:

1a: **Um 2379/388** (angebunden an "Die Islamische Gegenwart")
1,1927,1-2; *2*,1928,1/3-4/5
Lücken: *3*,1929,1

11: **Gesch. 27252** (angebunden an "Die Islamische Gegenwart")
1,1927,1-2; *2*,1928,1/3-4/5
Lücken: *3*,1929,1

101: **ZA 9911** (angebunden an "Die Islamische Gegenwart")
1,1927,1-2; *2*,1928,1/3-4/5; *3*,1929,1

DER ISLAMISCHE STUDENT

PUBLIKATIONSORGAN DER „ISLAMIA“ AKADEMISCH-ISLAMISCHEN VEREINIGUNG UND DER VEREINIGUNG ARABISCHER STUDIERENDER „EL ARABIYA“

Nr. 1	NOVEMBER 1927	1. Jahrg.

Das Alexander von Humboldthaus in Berlin, das den ausländischen Studenten von Deutschland zur Verfügung gestellt wurde. Es beherbergt auch das Heim und die Geschäftsstelle der „Islamia“ Akademisch-Islamischen Vereinigung.

Außerordentliche Generalversammlung der „Islamia“.

Die außerordentliche Generalversammlung der „Islamia“, die am 7. 11. 1927 im Humboldthaus tagte, wählte einen neuen Vorstand, der sich aus folgenden Mitgliedern zusammensetzt:

Vorsitzender: ***H. M. N. Tschelebi,***
Stellvertretender Vorsitzender: ***Dr. Abu Elghet,***
Deutscher Schriftwart: ***Mohammed Hassan Hoffmann,***
Arabischer Schriftwart: ***Mhd. Jahia Haschmi***
Kassenwart: ***Schaukat Mudarres,***

DER ISLAMISCHE STUDENT

BLÄTTER FÜR DAS STUDIUM IN EUROPA

IN VERBINDUNG
MIT DEN MUSLIMISCHEN
STUDENTENVEREINEN

HERAUSGEGEBEN VOM
STUDIENAMT DES
ISLAM-INSTITUTES

VERLAG:
ISLAMISCHE PRESSE-AGENTUR
BERLIN-FRIEDENAU

Bei Fragen zur Produktsicherheit wenden Sie sich bitte an:
If you have any questions regarding product safety,
please contact:

Walter de Gruyter GmbH
Genthiner Straße 13
10785 Berlin
productsafety@degruyterbrill.com